KB190337

일타큰스님 법어

참선 잘하는 법

김현준 엮음

효림

참선 잘하는 법

초 판 1쇄 펴낸날 2024년 10월 15일
      2쇄 펴낸날 2024년 12월 15일

지은이 일타스님
엮은이 김현준
펴낸이 김연지
펴낸곳 효림출판사
등록일 1992년 1월 13일 (제2-1305호)
주 소 서울시 서초구 반포대로14길 30, 907호 (서초동, 센츄리I)
전 화 02-582-6612, 587-6612
팩 스 02-586-9078
이메일 hyorim@nate.com

값 6,000원
ⓒ효림출판사 2024
ISBN 979-11-87508-97-7 (03220)

ⓒ표지그림:[앞] 경봉스님 서예글씨 [뒤] 일타스님 달마도
잘못 만들어진 책은 바꿔 드립니다.
이 책은 저작권법에 따라 보호를 받는 저작물이므로 무단전재와 무단복제를 금지합니다.

서 시 序詩

도는 누가　닦는다고　닦아지지　아니한다
온갖 삿된　소견들만　다투어서　일어날 뿐!
지혜 칼을　휘둘러서　한 물건도　없이 하라
밝은 것이　오기 전에　어둔 것이　밝으리라

　　若人修道道不行　약인수도도불행
　　萬般邪境競頭生　만반사경경두생
　　智劍出來無一物　지검출래무일물
　　明頭未現暗頭明　명두미현암두명

남모르게　걸음 걷듯　조심조심　공부 지어
말할 때나　웃을 때나　분명 의심　없어들랑
바로 이때　맹렬하게　바짝 힘을　쓸지어다
밝은 날에　닭 울때를　결코 아니　놓치도록

　　輕輕踏地恐人知　경경답지공인지
　　語笑分明更莫疑　어소분명갱막의
　　智者至今猛提取　지자지금맹제취
　　莫待天明失却鷄　막대천명실각계

　　　　　　　　　　일타 합장

책을 다시 내면서

일타日陀(1929~1999) 스님께서는 기도·계율·경전공부를 모두 달통하셨지만, 당신 수행의 중심은 늘 화두참선話頭參禪에 두셨습니다. 그리고 '선에 대한 기초 서적을 내어달라' 셨던 스님의 생전 당부에 따라 스님께서 대중들과 저에게 설하신 참선 법문들을 엮어서 『선수행의 길잡이』라는 책을 내었습니다.

그런데 15년이 지난 뒤에 살펴보았더니 미진한 부분이 적지 않았습니다. 이에 옛 말씀을 더듬고 새롭게 정리하여 2022년 9월부터 2023년 10월까지 1년 남짓 「법공양」에 연재를 한 다음, 1년 동안 더 다듬고 보충하여 『참선 잘하는 법』이라는 제목으로 새롭게 발간하였습니다.

이 책이 일타스님의 생전 뜻 그대로, 참선을 어렵게만 생각하는 이들에게 바른 길잡이가 되어서, 쉽고도 편안하게 깨달음의 세계로 들어갈 수 있는 지침서가 되기를 두 손 모아 축원드립니다.

2024년 추석날 남산 기슭에서
엮은이 김현준 拜

차 례

序
참선이란

경봉스님
달마화

참선은 내 마음 잡기

참선이 무엇인가?

참선은 '내 마음을 가지고 내 마음을 잡는 수행방법'이다.

우리들 자신을 자동차에 비유하면, 몸뚱이는 자동차의 차체요 마음은 운전수와 같다. 곧 운전수가 참된 주인공이요, 이 몸은 자동차와 같은 것이다.

자동차를 생각해 보자. 공장에서 갓 나올 때는 윤이 나고 기능도 완벽하지만, 5~6년을 타고 나면 고장이 나기 시작하고, 더 오래 타서 멈추거나 수리비가 많이 들게 되면 폐차를 해야 한다.

총각·처녀 시절에는 이 몸뚱이가 잘나고 예쁘다며 큰소리치고 다니지만, 늙어지면 어느 누구도 별수가 없다. 늙고 병들어 수명이 다하면 버려야지, 뾰족한 방법이 없는 것이다.

하지만 운전수인 마음은 다르다. 차는 폐차가 될지라도 운전수는 얼마든지 다른 차로 옮겨 탈 수가 있다.

언제나 주인이 되는 이 마음!

부처님께서는 '나'의 진짜 마음자리를 찾아서 언제 어디에서나 주인이 되는 삶을 살 것을 가르쳤는데, 이것이 불법佛法의 핵심이다.

곧 껍데기인 자동차가 아니라 운전수인 마음자리를 찾는 것이 불법으로, 부처님께서 일평생 동안 설하신 교법敎法도 엄밀히 살펴보면 이 마음자리를 찾게끔 이끌어 주는 가르침들이다.

다만 교법과 선법의 차이점을 든다면, 교법敎法은 부처님의 말씀에 의지하여 깨달음의 세계로 들어가는 수행법이요, 선법禪法은 자기 마음으로 자기 마음자리를 직접 찾아 나서는 수행법이라는 것이다.

흔히들 참선을 한 글자인 선禪으로 줄여서 부르는데, 선禪의 범어는 디야나dhyāna이다. 이 디야나를 중국말로 옮기면서 처음에는 선나禪那로 표기하였고, 다시 '고요할 선禪' 한 글자로 줄여서 부른 것이다.

선禪은 고요히 생각하는 것을 근본으로 삼기 때문에 명상瞑想·사유수思惟修·정려靜慮라고도 하며, 악을 버리는 행위이기 때문에 기악棄惡, 온갖 공덕을 자라나게 한다고 하여 공덕총림功德叢林이라고도 칭한다.

한마디로 정의하면 선은 자기 마음을 스스로 닦는 수행법이다. 스스로 자기 마음을 닦아서 자기 마음을 밝게 알고, 자기 마음을 자재롭게 쓰는 것이 선이다.

이 선은 크게 두 종류 또는 세 종류로 구분하고 있다.

두 종류는 관선과 참선인데, 부처님의 교법 안에 있는 선을 관선觀禪이라 하고, 부처님의 교법 밖에 있는 선을 참선參禪이라고 한다.

관선이라고 할 때의 '관觀'은 눈으로 보는 것이 아니라 '마음으로 보는 것'을 뜻한다. 마음으로 지극히 집중하여 진리를 깨닫고 실체를 보는 것으로, 달리 관법觀法이라고 한다.

부처님 당시와 소승·대승의 인도불교시대에는 관법 수행이 크게 유행하였으나, 중국에 이르러서 교법 수행을 뛰어넘은 독특한 참선수행법이 크게 발달하였다.

　선을 세 종류로 나누면
　① 부처님 이전부터 인도에 있었고 소승불교를 믿는
　　이들이 닦은 인도선印度禪
　② 중국의 교종, 특히 천태 지자대사가 정립하여 널리
　　편 천태지관선天台止觀禪
　③ 달마대사 이후 중국에서 독특하게 전개된 조사선
　　祖師禪으로 구분된다.

　이 세 가지 선을 상세하게 서술하면 오히려 참선하는
이들의 머리를 복잡하게 만들 수 있으므로 생략하고,
이 글에서 주제로 삼고 있는 참선과 직접적으로 관련이
있는 ③ 조사선에 대해 바로 이야기하고자 한다.

조사선祖師禪

중국에서 확립된 조사선은 부처님께서 설하신 교법 밖의 수행법이지만, 그 근원은 부처님으로부터 시작된다. 그리고 조사선의 뚜렷한 특징은 선종팔구禪宗八句에 잘 나타나 있다.

❀

부처님께서 영축산靈鷲山에서 설법을 하고 있을 때, 하늘에서는 네 가지 종류의 꽃을 뿌려서 공양을 하였다. 그때 부처님께서는 아무런 말씀 없이 한 송이의 꽃을 들어 대중들에게 보이셨다.

그러나 그 자리에 모인 수만 대중들은 부처님께서 무슨 뜻으로 꽃을 드셨는지를 알지 못하여 어리둥절해하였고, 오직 부처님의 큰 제자인 대가섭존자大迦葉尊者

만이 빙그레 미소를 지었다. 이에 부처님께서는 선언을
하셨다.

"나에게 정법안장·열반묘심·실상무상·미묘법문·불
립문자·교외별전·직지인심·견성성불이 있으니, 이를
마하가섭에게 전하여 주노라〔吾有 正法眼藏 涅槃妙心
實相無相 微妙法門 不立文字 教外別傳 直指人心 見性成佛
付囑摩訶迦葉〕."

&

왜 부처님께서는 꽃을 드셨는가?

왜 부처님께서 꽃을 들자 가섭이 미소를 지었는가?

이와 같은 의심을 하여, 부처님께서 꽃을 드신 까닭
과 가섭이 미소 지은 까닭을 분명히 깨닫게 되면 그때
얻게 되는 것이 선종팔구이다.

선종팔구禪宗八句!

자기 마음을 스스로 찾는 선禪은

① 모든 정법 중에서도 눈알과 같이 가장 요긴한 것이
기 때문에 정법안장正法眼藏이라 하고

② 모든 번뇌의 불이 완전히 꺼진 열반의 묘한 마음을
개발하기 때문에 열반묘심涅槃妙心이라 하고

③ 마음의 실상이 모양 없음을 깨닫기 때문에 실상무상 實相無相이라 하고

④ 미묘한 법의 세계로 들어갈 수 있게끔 하기 때문에 미묘법문微妙法門이라고 한다.

⑤ 그러나 이러한 선은 언어나 문자로 설명될 수 있는 것이 아니므로 불립문자不立文字라 하고

⑥ 부처님의 말씀인 교敎를 떠나 따로 전하셨으므로 교외별전敎外別傳이라고 한다.

⑦ 결국 선은 곧바로 사람의 마음을 가리키는 직지인심 直指人心을 통하여

⑧ 본성을 보게 하고 부처를 이루는 견성성불見性成佛의 법이다.

이 선종팔구를 요약하면 '일상생활 속에서 내 마음으로 내 마음을 잡아서 부처가 되는 법'이라고 할 수 있다.

그럼 일상생활 속의 내 마음은 어떠한 마음인가?

이를 잘 일깨워주는 한 편의 이야기가 있다.

당나라의 대주大珠 선사께 원율사源律師라고 하는 승려가 찾아와서 여쭈었다.

"스님께서는 도를 깨쳤다고 하던데, 평소에 어떤 수행을 하여 공부에 힘을 얻게 되었습니까?"

"공부? 공부는 별것이 아니야. 그저 주리면 먹고, 졸리면 자는 것이지."

"그거야 세상 사람 모두가 똑같이 하는 일이지 않습니까? 밥 먹고 잠자는 것이 공부라면 일반 사람들도 스님과 같이 다 도를 이루겠네요?"

"원, 천만의 말씀! 세상 사람들의 겉으로는 그러하지만 속은 완전히 딴 판이라네."

"배고프면 먹고 졸리면 자는데, 무슨 겉과 속이 따로 있습니까?"

"암, 있고말고.

세상 사람들이 밥을 먹을 때 밥만을 먹던가? 잠을 잘 때 잠만을 자던가? 밥을 먹으면서도 이 생각 저 생각 공상과 망상을 끊임없이 하고, 잠잘 때도 기와집을 몇 채씩 지었다가 허물지 않는가?

이처럼 탐욕과 분노와 어리석음〔貪瞋癡〕의 무덤 속에

파묻혀서 밥을 먹고 잠을 자니, 어찌 밥을 잘 먹고 잠을 잘 잔다고 할 수 있겠는가?

하지만 나는 다르다네. 밥을 먹을 때는 오직 밥만을 먹을 뿐이요, 잠잘 때는 그저 잠만을 잘 뿐, 탐진치의 어떠한 것도 떠오름이 없다네."

⚮

삶 속에서 내 마음으로 내 마음을 잡아, 탐진치의 삼독심을 휘말리지 않고, 부처님이나 도인처럼 살 수 있게끔 하는 참선수행법.

이제 참선하는 자세와 호흡법을 비롯하여 수행의 요점이 되는 것들을 차근차근 공부해 보자.

I
앉는 법과 호흡법

수안스님
달마화

좌선의 앉음새

삼조三調 모두 중요하다

참선에서는 삼조三調를 잘해야 한다고 가르치고 있는데, 삼조는 조신調身·조식調息·조심調心이다.

조신調身은 몸가짐, 곧 자세를 뜻하고, 조식調息은 호흡법, 조심調心은 마음 다스리는 법 또는 화두 드는 법이다. 이 셋을 조화롭게 갖추면 선정禪定의 경지로 쉽게 나아갈 수가 있다.

그런데 우리나라에서 중요시하는 선법인 간화선看話禪(화두참선법)은 큰 도를 깨달은 스님이 던져 준 가르침인 화두話頭의 참뜻을 깨치는 것을 중요시하는 선이다. 그래서인지, 화두에 대한 이야기는 많이 하면서도 자세나 호흡법에 대해서는 등한시하는 경향이 짙다.

심지어 자세와 호흡법에 대해 질문을 하면, 선을 가르치는 지도자들은 바르게 앉는 법과 바른 호흡법에 대해서는 그다지 의미를 두지 않는 듯한 태도를 취한다.

그러나 참선을 하여 도를 이루는 것이 쉬운 일만은 아니다. 따라서 참선 수행 중의 장애를 막으려면 좌선을 할 때의 기초라고 할 수 있는 앉는 법과 호흡법을 착실히 익히는 것이 꼭 필요하다.

이제 앉는 법과 호흡법을 이야기하기 전에 좌선 전에 조심해야 할 사항들부터 짚어 보자. 자각종색自覺宗賾 선사는 「좌선의坐禪儀」를 통하여 다음과 같은 주의를 주고 있다.

> 인연들을 놓아버리고 모든 일을 쉬어서
> 신심身心을 하나로 하고 동정動靜에 빈틈이 없게 하라
> 음식을 많이 먹지도 적게 먹지도 말고
> 잠을 너무 억제하지도 마구 자지도 말라
>
> 放捨諸緣 休息萬事   방사제연 휴식만사

身心一如　動靜無間　　신심일여 동정무간

量其飮食　不多不少　　양기음식 불다불소

調其睡眠　不節不恣　　조기수면 부절부자

그리고 신라의 원효元曉 스님은 『기신론소起信論疏』를 통해 다섯 가지를 말씀하셨다.

①고요한 곳에 한가로이 머물 것

②계율을 청정히 지키고 업장을 소멸할 것

③의복과 음식에 부족함이 없을 것

④선지식을 만날 것

⑤인연에 얽매이는 일들을 쉴 것

초보자들은 이러한 기본적인 사항을 잘 유념하는 것이 좋다. 이제 정좌법에 대해 이야기해 보자.

정좌법正座法

좌선수행을 할 때의 기본 앉음새는 가부좌跏趺坐이다. 허리를 지면으로부터 수직이 되도록 쭉 펴고 앉는 가부좌야말로, 감히 범접할 수 없는 고고한 기품을 드러내 보이는 불자의 자세이다.

그러나 우리 불자들 중에는 가부좌를 제대로 취하지 못하는 사람이 예상외로 많다. 즐겨 좌선을 하는 사람들조차 척추가 구부정하거나 어깨에 힘이 가득 실린 경우가 비일비재하다.

이것이 누구 때문에 일어난 잘못인가? 앞에서도 언급하였듯이 화두話頭만을 중요시할 뿐, 자세나 호흡을 무시한 한국불교의 오랜 관행에서 비롯된 것이다. 그러므로 누구를 탓할 수도 없다.

하지만 우리가 반드시 명심해야 할 사항은, '자세가 바르지 못하면 화두도 잘 들리지 않고, 마침내는 화기火氣가 머리로 올라가서 병까지 만들어 낸다'는 점이다. 따라서 수행을 제대로 하고 잘하기 위해서는 '올바른 자세로 앉는 것'부터 먼저 배워야 한다.

이제 자각종색대사의 「좌선의坐禪儀」에 기록된 글을

먼저 인용한 다음(고딕체), 잘 앉는 방법과 각 자세 뒤에 숨겨진 의미를 함께 새겨 보도록 하자.

① 두꺼운 방석을 깔고 허리띠를 느슨하게 한다.

한 곳에서 가부좌를 오래 하고 있으면 뼈마디가 아프고 관절에 힘이 들어갈 수밖에 없다. 그렇게 되면 편안하게 오래 앉는 것은 고사하고 다리가 아파서 마음을 잘 모을 수가 없다. 따라서 좌선을 할 때는 무릎 폭보다 넓고 두꺼운 방석 위에 앉는 것이 좋다.

그리고 허리띠를 꽉 졸라매고 있으면 심호흡을 하는 데 막대한 지장이 있으므로 허리띠를 느슨하게 해야 한다. 아울러 꽉 조이지 않는 옷을 입어야 피도 잘 통하고 편안하게 오래 앉아 있을 수 있다.

② 결가부좌를 하되, 먼저 오른발을 왼쪽 허벅지 위에 놓은 다음 왼발을 오른쪽 허벅지 위에 놓는다.

결가부좌結跏趺坐의 자세는 〈그림 1〉과 같다. 먼저 오른발을 왼쪽 허벅지 위에 올려놓되 발을 복부 쪽으로 최대한 끌어당기고, 발바닥이
위로 향하도록 한다. 같은 요령으
로 왼쪽 발을 오른쪽 허벅지 위에
교차시켜 얹어놓는다. 이때 두 발
을 복부 쪽으로 바짝 붙이고, 두
무릎은 바닥의 방석에 밀착시켜야
한다.

〈그림 1〉

　하지만 처음에는 두 무릎 모두가 바닥에 닿지 않고
한쪽 무릎만 닿는 사람이 많다. 이는 신체적인 불균형
에서 비롯된 것이다. 차츰 하다 보면 양 무릎 모두가
바닥에 붙게 되므로 억지로 붙이려고 하지 않아도 된
다.

③ 혹 반가부좌를 하는 것도 좋다.

　결가부좌는 아무나 쉽게 익숙해질 수 있는 자세가
아니다. 때문에 초심자들에게는 조금 앉기가 쉬운 반가
부좌半跏趺坐를 권장하고 있으며, 여성들은 인체 구조
학적으로 반가부좌가 더 좋다고 한다.
　결가부좌가 두 다리를 교차시키는 데 반해, 반가부

좌는 오른쪽 다리 위에 왼쪽 다리를 살짝 자연스럽게 올려놓는 것이다〈그림 2〉.

〈그림 2〉

이 반가부좌를 하고 척추를 곧게 세우고 있으면 초보자의 경우에는 몸이 뒤쪽으로 기울기가 쉽다. 이때는 3~5㎝ 높이 정도의 두께로 둔부 밑쪽을 받쳐주는 것이 좋다. 넓은 방석 위에 앉아 있다면 방석 뒤쪽을 한 겹 접어서 받치면 된다.

이렇게 하면 몸의 균형이 저절로 잡혀서 곧은 자세를 유지할 수가 있다.

그리고 결가부좌와 반가부좌를 함에 있어「좌선의」에서는, '왼발을 오른발 위에 놓아야 한다'고 하였기 때문에 참선을 하는 이들 중에는 이것을 고집하는 경우가 많다.

그러나 이것은 원리가 그러하다는 것으로 받아들이고, 다리나 발이 아플 때나 몸의 균형 유지를 위해서는 한 차례씩 좌우의 발을 바꾸는 것도 무방하다. 요즘은 인체공학 이론을 근거로 삼아 일정 시간씩 오른발과 왼발을 교대로 바꿀 것을 권하고 있다.

곧 한 시간을 앉는다면 30분은 왼발을, 30분은 오른발을 위로 두어 앉고, 선방이라면 한 차례 입선 시간에는 왼발을, 다음 입선 시간에는 오른발을 올리는 것도 좋을 것이다.

④ 오른손을 발 위에 놓고 왼손을 오른 손바닥 위에 두며, 양쪽 엄지손가락의 끝을 서로 맞댄다.

이러한 손 모양을 법계정인法界定印이라고 하는데〈그림 3〉, 선정에 들어서 대법계와 하나가 되어

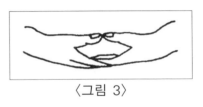

〈그림 3〉

있는 모습을 손 모양으로 상징화시킨 것이다.

이 법계정인의 손 모양을 올바르게 만들려면, 먼저 오른손 위에 왼손을 놓되, 양손 중지가 일직선상에서 포개지도록 해야 한다(발을 바꿀 때는 손도 반대로 함).

비록 작은 손가락 하나지만, 양쪽 중지가 일직선이 되는 것과 약간 엇비슷하게 포개지는 것은 팔에 실리는 힘에 있어 엄청난 차이를 주게 되고, 팔에 힘이 실리면 어깨에 힘이 들어간다. 그리하여 마침내는 온몸에 힘이

주어져서 가부좌의 올바른 효과를 기대할 수 없게 된다.

그러므로 이를 막기 위해서는 반드시 양손 중지를 나란하게 포개어야 한다.

다음으로 양쪽 엄지손가락 끝을 마주 대되, 마치 그 사이에 한 장의 종이를 끼고 있는 듯이 살짝 맞대어야 한다.

좌선을 하는 사람의 마음 상태는 이 맞댄 손가락을 보면 알 수가 있다. 만약 그 사람이 졸게 되면 양쪽 엄지손가락이 떨어지게 되고, 망상에 빠지면 양쪽 엄지손가락을 강하게 마주 대기 때문이다.

이상과 같이 하여 보기 좋게 타원형의 법계정인을 맺은 손을 자연스럽게 발 위에 놓는다.

그런데 흔히들 '배꼽 아래 세 치 지점에 있는 단전 앞에 손을 두어야 한다고 배웠다'면서, 애써 손을 단전 앞에 두는 사람이 많다.

물론 완벽한 결가부좌를 하게 되면 발 위에 손을 놓을 때 그 손이 단전 앞에 있게 된다. 하지만 반가부좌를 할 때는 다르다. 발 위에 손을 놓으면 단전보다 상당히 아래쪽에 손이 위치하게 되며, 자연 단전 앞쪽에 손을 두고자 하면 손이 공중에 떠서 많은 힘을 소모해야만 한다. 그렇게 되면 바로 어깨에 힘이 들어가게 될 수밖에 없다.

그러므로 반가부좌를 할 때는 법계정인을 만든 손을 자연스럽게 발 위에 놓으면 된다.

⑤ 그리고 천천히 상체를 세워 전후좌우로 여러 번 왔다 갔다 하며 흔들고는 몸을 바르게 하여 단정하게 앉되, 왼쪽으로 기울거나 오른쪽으로 기울거나 앞으로 굽어지거나 뒤로 넘어가지 않게 한다.

전후좌우로 흔드는 것은 몸의 균형을 잡기 위해서이다. 이 경우 처음에는 약간 동작을 크게 하였다가 차츰 작게, 그리고는 멈춤으로 들어간다. 곧 동動에서 정靜으로 들어간다는 상징적인 의미를 나타냄과 동시에 몸을 풀고 균형을 잡게 하기 위함인 것이다.

따라서 가부좌를 풀고 일어날 때는 이 방법과 반대로 하면 된다.

⑥ 허리 · 척추 · 머리의 골절이 직선이 되게 버티어 마치 부도浮屠의 모양과 같이 되어야 한다. 하지만

척추를 지나치게 곧추세워서는 안 된다. 호흡이 급해지거나 고르지 않게 되기 때문이다.

올바른 자세의 생명은 그 무엇보다도 허리와 척추를 바르게 세우는 데 있다.

물론 처음에는 척추를 똑바로 세우고 오래 앉아 있기가 힘들 것이다. 그렇지만 조금만 연습하면 척추를 곧게 세우는 것이 어렵지 않게 된다.

그리고 척추를 곧게 세우면 피로가 극소화될 뿐 아니라, 척추 이상에서 오는 각종 질환도 저절로 낫게 된다. 그야말로 일거양득一擧兩得인 것이다.

하지만 너무 곧추세우면 오히려 상체에 힘이 들어가서 호흡마저 부자연스럽게 만들어 버린다.

가장 자연스럽게 허리와 척추를 곧게 가지는 요령은 가슴을 펴고 둔부를 약간 뒤로 뺀 다음, 턱을 목 쪽으로 살짝 당기면 된다. 이렇게 하면 천 년의 비바람에도 흔들림 없는 부도浮屠처럼 앉을 수가 있다.

⑦ 귀는 어깨와 나란해야 하고, 코끝과 배꼽은 수직이 되게 유지한다. 혀는 입천장에 대고 입술과 이

는 서로 붙이도록 하며, 눈은 반드시 가늘게 떠서
졸음에 빠지지 않도록 한다.

앞에서 밝힌 요령대로 가부좌를 하고 앉으면 저절로
귀는 어깨의 선과 나란해지고 코끝과 배꼽은 수직이 되
는데, 옆에서 가부좌한 자세를 점검해 주는 사람이 이
를 기준으로 삼아 교정해 주면 착오가 없게 된다.

그리고 혀를 입천장에 넓게 펴서 대면 혀밑샘·턱밑샘
등의 침샘에서 많은 양의 침이 흘러나오게 되어 건강도
증진시켜 준다.

반대로 졸게 되면 혀가 입천장에서 저절로 떨어지게
된다. 곧 혀를 입천장에 댐으로써 약간의 긴장을 불러
일으켜, 마음을 모으는 데 도움을 주는 것이다.

또 좌선을 할 때는 눈을 감는 것을 피해야 한다. 눈
을 감으면 졸음이 쉽게 찾아오기 때문이다. 반대로 눈
을 크게 뜨고 있으면 시야에 들어오는 사물에 끄달려
서 쉽게 마음을 모으지 못하게 된다. 그래서 부처님 눈
처럼 눈을 가늘게 뜨는 반개半開를 권장하는 것이다.

의자에 앉을 때의 자세

좌식 문화에서 입식 문화로 바뀐 오늘날에는 의자에 앉아 참선을 해야 하는 경우도 자주 발생한다. 실제로 골반이 좋지 않고 무릎이 좋지 않다고 하는 이들이 매우 많다.

그러한 분들은 좌선을 할 수가 없는 것인가? 아니다. 의자에 앉아서 하면 된다. 그럼 의자에 앉아서 좌선을 할 때는 어떠한 자세를 취해야 하는가?

의자에 앉아서 좌선을 할 때는 척추를 곧게 세우는 등 앞에서 이야기한 요령을 그대로 따르되,

① 너무 높거나 너무 낮은 의자는 피한다.
② 차려 자세를 할 때처럼 두 발의 뒤축을 붙이고
③ 두 무릎 사이를 여자일 경우에는 주먹 하나, 남자일 경우에는 주먹 두 개가 들어갈 공간만큼 띄운다.
④ 손은 가부좌할 때처럼 법계정인을 하거나, 손바닥이 하늘을 보게 하여 왼손은 왼쪽 다리 위에,

오른손은 오른쪽 다리 위에 자연스럽게 얹어놓는다.
⑤ 그러나 손 모양과 다리 모양은 조금 자유롭게 취하여도 된다.

이상과 같은 자세에서 은근히 아랫배에 의식을 집중하여 고르고 가늘고 길고 부드러운 호흡을 하게 되면 마음도 더할 수 없이 안정되고 강한 집중력이 생겨난다

깊이 명심하라. 올바른 자세는 좌선을 잘하기 위한 수단이 아니다. 올바른 자세 그 자체가 마음의 올바른 상태를 나타내는 것이요, 우리들의 살아 있는 불성佛性의 표출이라는 것을!

그리고 꼭 기억하라. 선은 언제나 올바른 자세와 함께한다는 것을!

참선과 호흡법

호흡은 생명줄

참선을 할 때 잘 조절해야 하는 삼조법三調法인 조신調身·조식調息·조심調心 가운데 두 번째인 조식은 바로 호흡법이다. 먼저 호흡에 대한 『사십이장경四十二章經』의 법문을 잠깐 음미해 보자.

✿

부처님께서는 한 제자에게 물었다.
"사람의 목숨이 얼마 사이에 있다고 생각하느냐?"
"며칠 사이에 있습니다."
"너는 도를 잘 닦을 수가 없겠다."
부처님께서는 다른 제자에게 같은 질문을 했다.

"밥을 먹는 사이에 있습니다."

"너도 도를 잘 닦기가 쉽지 않겠구나."

부처님께서는 한 제자에게 다시 물었다.

"사람의 목숨이 얼마 사이에 있다고 생각하느냐?"

"호흡 사이에 있습니다[呼吸間]."

"장하고 장하구나. 너는 도를 잘 닦을 수 있겠다."

✆

호흡 한번 사이에 생사生死가 있고, 이처럼 무상한 것이 인생이라는 것을 깨우쳐 주신 부처님의 가르침!

그렇다. 무릇 도를 닦는 이는 들어가고 나오는 숨 사이에 목숨이 있다는 것을 알아야 한다.

들어갔던 숨이 나오지 못하거나, 숨을 내쉰 다음 들이키지 못하면 죽음이다. 곧 호흡만 떨어지면 현생이 아닌 내생來生으로 옮아가는 것이다.

생명 있는 모든 존재들은 숨을 쉰다. 태어나서 죽는 그 순간까지 잠시도 숨을 멈추지 않는다. 우리가 의식을 하든 하지 않든, 생명이 붙어 있는 이상 호흡은 항상 계속된다. 그야말로 호흡은 우리의 생명줄인 것이다.

그리고 젊을 때는 부드럽고 긴 호흡을 하다가 늙고 기력이 쇠해지면 호흡이 짧아지고 거칠어진다. 이것이 바

로 '저승사자가 올 날이 머지않았다'는 염라대왕의 소식
이다. 늙을수록 점점 더 짧아지고 거칠어지는 우리의 숨
결이 염라대왕이 전달하는 저승 소식인 것이다.

　언제나 목숨과 함께하는 것이 호흡이기에, 옛날 인도
의 성자들은 호흡의 중요성을 깨닫고 호흡법을 해탈의
한 방법으로 삼아서 수행을 하였다.
　부처님께서도 처음 수행을 하실 때 인도의 정통호흡
법들을 두루 익혔는데, 마침내는 깊은 선정에 들었을
때의 1회 호흡이 한 시간가량이나 되었다고 전해지기도
한다.
　물론 부처님께서는 이 호흡법을 해탈의 근본 수행법
으로 삼지 않았다. 오히려 호흡보다는 '마음 다스림'을
수행의 중심으로 삼았다.
　그렇지만 호흡을 무시해도 좋다고 하신 것은 아니다.
부처님께서는 여러 경전을 통해 바른 호흡을 익힐 것을
강조하셨고, 호흡에 집중하여 정정正定(바른 선정)을 이
루는 수식관數息觀·수식관隨息觀 등을 익히라고 하셨
다.

참선에서도 마찬가지이다. 참선의 삼조三調인 조신調身·조식調息·조심調心 가운데 핵심은 조심이다. 마음 다스리기이다.

그러나 조신과 조식이 잘되지 않으면 조심이 쉽지가 않다. 또한 조신과 조식이 잘 되면 조심은 보다 쉽게 이루어진다. 그래서 바른 자세와 바른 호흡법을 먼저 익힐 것을 강조하신 것이다.

호흡의 불교적 의미

이제 우리의 생명줄이 되고 있는 '호흡의 불교적 의미는 무엇인가'를 살펴보자.

호흡의 '호呼'는 내쉬는 날숨이요, '흡吸'은 들이쉬는 들숨이다. 코를 통하여 내쉬고 들이쉬는 것이 호흡인 것이다. 이때 나가고 들어오는 것은 공기空氣이다.

숨을 내쉴 때는 내부 세계의 공기가 외부 세계로 나가고[呼호], 숨을 들이킬 때는 외부 세계의 공기가 내부의 세계로 들어오게 된다[吸흡].

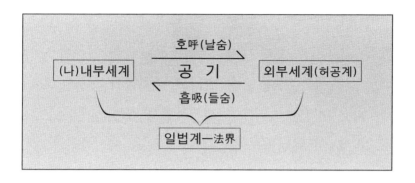

호呼(날숨)

(나)내부세계   공 기   외부세계(허공계)

흡吸(들숨)

일법계一法界

이때의 내부 세계는 '나'의 몸이요, 외부 세계는 대허공계大虛空界이다.

그런데 어떠한가? 생명 있는 '나'의 내부 세계에 끝이 있는가? 아니다. 비록 조그마한 육체를 지녔지만 그 능력으로 보면 한계가 있는 것이 아니다. 무한한 생명력을 담고 있는 '나'이다.

그럼 외부 세계는 어떠한가? 그 세계 또한 끝이 없다. 대허공계야말로 모든 생명을 감싸고 있는 무한의 세계이다.

따라서 '생명력'이라는 입장에서 볼 때 내부와 외부의 세계는 다른 것이 아니다. 중생의 입장에서 '내부다·외부다'라고 하지만, 실제에 있어서는 다름이 없는 하나의 세계이다. 일법계一法界요, 대생명력 그 자체일 뿐이다.

이러한 대생명력의 일법계 속에서, 우리의 호흡기관은 한쪽으로 밀면 반대 방향으로 닫히는 '여닫이문'이 되어 항상 움직이고 있다. 항상 열리고 닫히면서 내부와 외부 세계의 생명력을 하나로 연결시켜주고 있는 것이다.

그리고 이 여닫이문이 움직이지 않을 때 '죽었다' 하고, 들숨 날숨을 끊임없이 반복하면서 내부와 외부가 하나가 될 때 '살아 있다'고 하는 것이다.

하지만 우리는 이 여닫이문을 경계로 삼아서 내부 세계와 외부 세계를 구분한다. 집 안과 집 밖, 몸 안과 몸 밖을 구분한다.

그럼 이 여닫이문을 통과하는 공기는 어떠할까? 몸 안과 몸 밖의 공기가 서로 다른 것일까? 아니다. 다를 바가 없다. 몸 안의 공기와 몸 밖의 공기는 둘이 아니다. 불이不二이다.

그야말로 우리의 호흡은 안과 밖을 잇는 크나큰 하나의 생명력이요, '나'와 대우주의 무한한 생명력이 둘이 아니라는 것을 깨우쳐 주고 있다.

그런데 어떠한가? 호흡을 하면서 안과 밖, '나'와 대허 공계가 둘이 아님을 자각하고 있을까? 아니다. 오히려 안과 밖만이 아니라, 안과 밖의 부딪힘 속에서 좋다·나쁘다, 맞다·어긋난다, 해야지·말아야지, 기쁘다·슬프다는 등의 분별을 일으키면서 살아가고 있다.

원래가 불이不二인 줄을 모르기 때문에 끊임없이 나누고 쪼개고 분별하는 '나'의 이 심리상태를 대우주적인 나[大我]의 입장이 되어 관찰해 보라. 정녕 다른 것인가? 일법계의 입장에서 볼 때 분명 다른 것인가?

절대로 아니다. 내쉬고 들이쉬는 호흡은 나와 남, 안과 밖이 둘이 아님을 알 수 있게 하는 불이不二의 움직임이다. 우리가 소아小我가 아니라 대우주적인 나[大我]요, 대아인 불성佛性이 작용하고 있음을 깨우쳐 주고 있는 것이다.

숨을 내쉴 때 호흡이라는 여닫이문은 바깥 방향으로 열리고, 곧이어 숨을 들이켤 때 여닫이문은 안쪽 방향으로 열린다. 그 문은 꼭 움직인다. 그것이 다.

여기에는 어떠한 분별도 번뇌도 망상도 없다. 그냥 불이의 일법계가 되어 생명력, 곧 불성을 발현하고 있을 뿐이며, 바로 이것이 호흡 속에 간직되어 있는 불교적인 의미인 것이다.

잊지 말라. 내쉬고 들이쉬는 우리의 호흡이 일법계의 대생명력이요 불성의 작용이라는 것을! 그리고 한 번 한 번의 호흡이 불이의 진리를 깨우치고 있음을!

단전호흡丹田呼吸

이제 참선할 때 행하는 호흡법에 대해 살펴보자.

화두를 들고 참선을 하는 우리나라에서는 참선을 처음 익힐 때 호흡법을 특별히 가르치지 않는다. 그러나 화두를 본격적으로 들기 이전의 예비단계에서는 바르게 앉는 법과 함께 바른 호흡법을 먼저 익히는 것이 좋다.

그 까닭이 무엇인가? 대부분의 사람들이 일상생활 속에서 잘못된 호흡을 하며 살아온 까닭에, 좌선 자세로 앉는다고 하여 바른 호흡이 저절로 이루어지지 않기 때문이다.

그럼 좌선을 할 때의 바른 호흡법이란 무엇인가? 단전호흡丹田呼吸이다. 단전에 의식을 집중하여 행하는 호흡법이다.

단전丹田은 신체의 중심이 되는 곳으로 배꼽 약간 아래쪽(약 3~4cm 정도)에 위치한다. 곧 인간의 정신과 육체의 균형이 이루어지는 중심점이 단전이요, 힘이 발현되는 발전소와 같은 곳이다.

따라서 그곳의 혈액순환이 매우 활발하며, 마치 '붉은빛을 발하는 밭'과 같다고 하여 단전丹田이라는 이름을 붙였다.

사람이 태어나 어릴 때에는 배꼽 아래의 아랫배를 움직이는 복식호흡을 하지만, 허리띠를 매고 걷기 시작하면서부터 흉부의 늑골을 크게 움직이는 흉식호흡에 길들어지게 된다.

이러한 흉식호흡은 횡격막의 상하 작용을 저하시켜서 호흡곤란·소화장애·천식, 심장 허약, 배설과 생식기능의 저하, 자율신경의 부조화 등의 증상을 일으킨다.

그러나 단전에 의식을 집중하는 단전호흡을 하게 되면 이 부작용들이 저절로 사라진다. 왜? 수승화강水昇火降의 원리 때문이다. 곧 단전호흡을 하면 심장의 화기火氣를 내려가게 하고 신장의 수기水氣를 올라가게 하는 것이다.

일반적으로 근심걱정을 하거나 마음이 불안해지면 머리 쪽으로 열기가 치솟는다. 그때 단전호흡을 하면 물기운이 위로 치솟는 불기운을 꺼준다. 그렇게 되면 망상이 가라앉아 몸과 마음이 편안해지며, 정신과 기운이 상쾌해진다.

그러나 위로 치솟는 불기운을 꺼주지 못하면 불기운이 청량한 물기운을 마르게 하여 건강을 해치고 미혹 속에 빠져들도록 만들어 버리는 것이다.

이렇듯 치솟는 불기운을 내려주고 청량한 물기운으로 몸과 마음을 편안하게 만들어주는 단전호흡을 익히는 것은 그다지 어렵지 않다. 그 요령은 다음과 같다.

① 의식을 단전(배꼽 밑 약 3~4cm)에 집중시킨 다음,
② 숨을 아랫배로 끌어들이는 느낌을 가지고 들이쉬면 된다. 이때 아랫배는 조금 불룩해져야 한다.
③ 숨을 내쉴 때는 뱃가죽이 등 뒤에 붙는 기분으로 배를 수축시킨다. 그리고 숨을 내쉴 때 항문의 수축을 병행하면 건강도 좋아지고 정신력도 높아진다. 하지만 항문 수축은 굳이 하지 않아도 된다.

이러한 단전호흡을 할 때는 항상 입을 다물고 코로 숨을 쉬어야 한다.

단, 좌정을 한 다음 첫 숨을 내쉴 때는 입을 둥글게 모아 '후一' 소리를 내면서 강하고 힘차게 내뱉는다. '호흡'의 두 글자에서 '호呼'자를 앞에 둔 까닭은 내쉬는 숨이 앞서야 함을 나타내고자 한 것이다.

이렇게 한 번 몸속의 공기를 입으로 다 내뱉은 다음 코로 숨을 들이켜며 단전호흡을 행하면 된다.

그러나 처음 단전호흡을 하게 되면 숨을 들이켤 때 아랫배가 나오지 않는 이들이 많다. 그 까닭은 평소 숨을 들이켤 때 배가 들어가고, 숨을 내쉴 때 배를 부르게 하는 흉식호흡에 길들어져 있기 때문이다.

이러한 경우에는 단전 주위의 아랫배에 양 손바닥을 가볍게 대어, 숨을 들이켤 때 손바닥이 함께 나오도록 하고, 숨을 내쉴 때 손바닥으로 배를 지그시 누르는 연습을 하면 얼마 지나지 않아 바르게 할 수가 있다.

또, 처음 단전호흡을 하는 이들 중에는 아랫배까지 숨이 들이켜지지 않는 경우가 종종 있다. 특히 여성들은 흉식호흡에 길들어져 있기 때문에 단전호흡이 용이하지가 않다.

이 경우에는 억지로 아랫배까지 숨을 끌어들이려 하지 말고, 단전에 의식을 집중한 다음, '평소보다 더 깊고[深] 더 길고[長] 더 고르고[均] 더 부드럽게[柔] 숨을 쉰다'는 느낌으로 호흡을 하면 된다.

> 심深·장長·균均·유柔는 호흡의 기본이다.
> ① '깊다[深]'는 것은 가슴으로 하는 흉식호흡이 아니라 아랫배까지 숨을 들이키는 깊은 호흡을 하라는 것이요,
> ② '길다[長]'는 것은 2~3초에 한 번씩 급하고 짧게 호흡하라는 것이 아니라 최대한 길게 들이쉬고 내쉬라는 것이다.
> ③ '고르다[均]'는 것은 처음에는 많이, 나중에는 적게 들이쉬고 내쉬는 것이 아니라 균일하게 들이쉬고 내쉬라는 것이요,
> ④ '부드럽게[柔]'는 강한 호흡을 하지 말라는 것이다.

평소보다 조금 더 깊고 길고 고르고 부드럽게…. 이렇게 의식적으로 호흡을 하다 보면 차츰 단전호흡이 용

이해지며, 하루에 10분씩 보름 정도만 꾸준히 하게 되면 이 단전호흡을 능히 익힐 수 있다.

실로 단전호흡에 있어 가장 중요한 것은 의식(마음)을 단전에 두는 '단전주丹田住'이다. 옛 어른들은 단전주의 공덕을 찬양하면서 한결같이 권하였다.

단전호흡을 익힐 때 의식을 단전에 모으는 단전주를 연습하게 되면, 나중에 화두를 들 때에도 그대로 응용이 된다. 곧 화두를 단전에 붙여서 또렷하면서도 고요하게[惺惺寂寂] 들 수 있게 되는 것이다.

이는 매우 요긴한 가르침이니, 꼭 명심을 하여, 처음 단전호흡을 시작할 때부터 '단전주'를 함께 익히기 바란다.

수식관數息觀

단전호흡이 어느 정도 능숙해지면 화두話頭를 받기 전까지 수식관數息觀을 익히는 것이 바람직하다.

수식관은 스스로의 호흡을 헤아리는 데 집중하는 관

법으로, 들이키고 내쉬는 한숨 한숨에 대해 1에서 10까지, 또는 1·2·3에서 100까지, 100부터 99·98·97로 역으로 세어 2·1까지 이르게 하는 방법 등 여러 가지가 있다.

여기에서는 전통적으로 가장 많이 취하여 온 '1에서 10까지'의 수를 헤아리는 수식관을 중심으로 소개를 한다.

① 입을 동그랗게 모으고 '후-' 소리를 내며 몸 안의 숨을 강하게 뱉어낸다.

② 단전에 의식을 두고, 속으로 '하나' 하면서 코로 숨을 아랫배까지 깊고·길고·고르고·부드럽게 들이킨다. 이때 아랫배는 앞으로 나와야 한다.

③ 여전히 단전에 의식을 두고, 속으로 '둘-'하면서 코로 숨을 내쉰다. 이때 배는 등 쪽으로 들어가야 한다.

④ ②와 같은 요령으로 '셋-'하면서 숨을 아랫배까지 들이킨다.

⑤ ③과 같은 요령으로 '넷-'하면서 숨을 내쉰다.

⑥ 이렇게 '열-'까지 수를 세면서 호흡을 한 다음,

다시 하나로 돌아가 열까지 반복을 한다.

그런데 이 수식관을 익힐 때 반드시 주의를 해야 할 점이 한 가지 있다. 단전을 의식하고 호흡의 수 헤아리기에만 마음을 모아야 한다는 것이다.

그러나 수식관을 하고 있으면 갖가지 번뇌들이 일어난다. 일상생활에서 경험했던 일, 까마득한 지난날의 추억 등 별별 것들이 번뇌가 되어 나타난다. 그래서 수식관을 하고 있으면 평소 때보다 더 많은 번뇌들이 일어나는 것처럼 느껴진다.

이렇게 번뇌가 일어날 때는 어떻게 해야 하는가?

예를 들어, '다섯'하고 숨을 들이켤 때 갑자기 번뇌가 일어났다고 하자. 그때 번뇌를 없애려 하지도 말고 그 번뇌를 쫓아가서도 안 된다. 그냥 그 번뇌에 관심을 기울이지 말고 다시 '하나'로 돌아가야 한다. '여섯'으로 넘어가지도 말고 '하나'로 돌아가고, '둘·셋·넷'을 속으로 외우면서 수식관을 계속해야 한다.

만약 '아홉'에서 번뇌가 일어났다 할지라도 다시 '하나'로 돌아가야 한다. 이렇게 하는 까닭은 번뇌에 끌려가지 않고 호흡에만 집중하게끔 하기 위함이다.

이상과 같은 방법으로 수식관을 익히게 되면 다음에 화두를 들 때에도 그대로 집중력이 연장되어 화두를 잘 들 수 있게 되기 때문에, 옛 스승들이 이와 같은 방법의 수식관數息觀을 가르친 것이다.

이렇게 단전호흡을 하면 마음의 고요함인 적적寂寂이 자연스레 이루어지고, 숫자에 집중하면 또렷또렷한 성성惺惺이 잘 되어, 화두선의 요체요 기본인 성성적적惺惺寂寂이 저절로 익혀지게 되는 것이다.

그럼 수식관은 어느 정도 하는 것이 좋은가? 한 차례 30분씩, 아침저녁으로 하루 두 번 정도 하는 것이 적당하다. 그리고 이 수식관을 하여 '열'까지 세는 것을 세 차례 정도 할 수 있는 집중력이 생길 때, 최소한 하나에서 열까지가 한 차례는 집중이 될 때, 화두를 받아서 화두선을 시작하는 것이 바람직하다.

참고로 호흡과 관련된 또 하나의 관법인 '수식관隨息觀'에 대해 잠깐 언급하고자 한다.

'셀 수數'자가 아니라 '따를 수隨'자를 쓰는 이 관법은 숨을 '하나·둘' 하며 세는 것이 아니라, 숨을 들이

쉴 때는 공기가 들어오는 것에 집중하고 내쉴 때에는 공기가 나가는 것에 집중하여, 마음의 산란함이 일어나지 않도록 하는 것이다.

이 수식관隨息觀은 일본의 묵조선默照禪 계열과 남방 불교에서 많이 닦는 전문적인 관법이다. 따라서 이 관법을 익히게 되면 뒷날 화두선을 닦을 때 오히려 방해가 되기도 한다. 그런데 한글 발음으로 두 관법이 모두 '수식관'이라 하여 뒤의 수식관隨息觀을 익히는 사람이 많다. 이 점을 주의하여야 한다.

단전호흡을 하면서 호흡수를 세는 수식관數息觀만 제대로 익혀도 집중력이 상당히 강해지기 때문에, 이 수식관이 잘될 때 화두를 드는 간화선으로 바꾸는 것이 더 바람직하다.

완전호흡

이제 좌선의 호흡법을 마무리하기에 앞서 한 가지를 더 이야기하고자 한다.

나이 40대에 나는 태국·미얀마 등지에 머물면서 수행을 하였다. 그때 대부분의 남방불교 스님들이 요가의 완전호흡完全呼吸을 한 다음에 본격적인 비파사나 선법을 행하는 것을 알 수 있었다. 이 완전호흡의 요령을 소개하니 참고하기 바란다.

① 숨을 아랫배부터 시작하여 윗배→가슴 순으로 들이켜 몸에 가득 채운다.
② 완전히 숨을 채웠으면 숨을 들이킨 시간만큼 멈춘다.
③ 숨을 내쉴 때는 가슴의 공기부터 뿜어내고, 그다음 윗배→아랫배의 순으로 비운다.
④ 이렇게 ①②③의 과정을 7차례 정도 반복하고 마치며, 이때도 코로만 호흡을 해야 한다. 만약 힘들면 3차례만 반복해도 된다.

그럼 들이키고 멈추고 내쉬는 시간은 어느 정도 해야 하는가? 개인의 호흡능력에 따라 다르겠지만, 대략 6초 정도씩 하는 것이 좋으며, 속으로 '하나·둘…여섯'을 헤아리며 하면 된다.

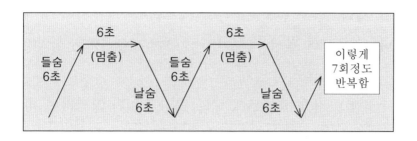

들숨 6초 / (멈춤) 6초 / 날숨 6초 / 들숨 6초 / (멈춤) 6초 / 날숨 6초 / 이렇게 7회정도 반복함

경험으로 비추어 볼 때 좌선을 시작하기 전에 이러한 완전호흡을 한 차례씩 행하였더니 훨씬 좌선을 하기가 용이하였다. 그리고 이 방법을 여러 사람들에게 일러주었더니 '훨씬 집중력이 높아진다'며 좋아들 하였다.

수식관을 하든 화두선을 하든, 초보자라면 좌선을 할 때 완전호흡부터 한 차례씩 해보라. 틀림없이 선정력을 이루는 데 도움을 줄 것이다.

❧

생명 있는 존재의 일평생은 호흡과 함께한다. 떼려야 뗄 수 없이 이어지는 것이 호흡이다. 따라서 호흡이 그릇되면 몸과 마음의 건강이 상하고, 호흡을 바르게 하면 육체적인 건강과 정신적인 건강을 함께 누릴 수 있게 된다.

나아가 화두선을 하기 전에 호흡을 제대로 익히게 되

면 자연스러운 단전호흡과 함께 화두가 성성하게 살아
나고, 가끔씩 참선하는 이들을 크게 고생시키는 상기병
上氣病에도 걸리지 않게 된다.

정녕 아직까지 화두에 대한 발심이 되지 않았다면 바
르게 앉는 법과 호흡법부터 익혀야 한다. 이 호흡만 제
대로 하여도 집중력이 좋아지고 판단력이 빨라지며, 의
지력이 강해지고 기억력이 향상된다. 그리고 헛된 근심
걱정들이 사라져서 생활 또한 윤택해진다.

꼭 이 좋은 호흡법을 제대로 익힐 것을 당부드린다.

II
참선과 화두와 간화선

작자미상
달마도

참선과 화두

화두란 무엇인가

참선은 자기의 힘으로 자기의 본래면목本來面目·주인공·근본 마음자리를 직접 찾아 해탈하는 자력自力의 수행법이다.

곧 참선은 자기의 근본 마음자리가 어떠한 것이며, 그것의 참된 모습과 작용이 무엇인지를 명확히 체득하는 수행법이다. 그래서 옛 조사께서는 말씀하셨다.

> 매일같이 일하지만 아직 행하지 못하였고
> 때마다 밥을 먹지만 아직 먹지를 못하였네
> 日日常行未證行 일일상행미증행
> 時時喫飯未證喫 시시끽반미증끽

이는 몸으로 하루 종일 일을 하면서도 몸을 움직이게 하는 참 주인공을 모른다는 것이요, 끼니때마다 입으로 부지런히 밥을 먹을 줄 알면서도 밥을 먹을 수 있게 하는 진정한 주인공을 모르고 있다는 깨우침이다.

왜 우리는 진정한 주인공을 망각한 채 헤매고 있는 것일까?

그 까닭은 무명無明, 곧 어둡기 때문에 생겨나는 충동력에 휩싸여서 끝없이 분별하며 살아가기 때문이다.

깜깜한 무명 속에 '나'를 던져 놓은 상태에서, '나'와 '남'을 나누고, 생生과 사死를 나누고, 옳고 그름, 깨끗함과 더러움, 즐거움과 괴로움, 사랑과 증오 등을 나누는 삶을 살고 있기 때문이다.

이렇게 끝없이 분별하며 살다 보니 진정한 주인공과 자꾸만 멀어져서, 일을 하면서도 일을 하는 주인공이 무엇인지를 모른 채 살고, 매일 밥을 먹으면서도 무엇이 밥을 먹는지를 모른 채 살아가게 된 것이다.

정녕 무명으로 인한 분별을 넘어서지 못하면 흐름을 따라서 윤회하는 고해苦海의 중생이 되어 방황만 계속할 뿐, 영원 생명의 존재요 무한행복이 가득한 대우주의 주인공이 되어 살 수가 없다.

분별을 넘어서지 못하면 결코 참[眞] 자체가 될 수 없는 것이다.

그래서 옛 조사들께서는 분별 이전의 '한 말씀'으로 깨달음의 문을 열어주셨는데, 이 분별 이전의 '한 말씀'이 바로 화두話頭이다.

그렇다면 화두가 무엇인가?

화두話頭는 공안公案 또는 고칙古則이라고도 한다.

'고칙古則'은 옛날부터 내려오는 변함없는 법칙이라는 뜻이요, 옛 조사스님들의 법칙이라는 뜻이다.

그리고 공안公案의 공公은 '공중公衆, 누구든지'라는 뜻이요, 안案은 '방안, 표준안' 등을 뜻한다. 따라서 공안은 "누구든지 이대로만 하면 성불할 수 있는 표준안이 된다"는 뜻을 지니고 있다.

불교를 믿든 믿지 않든, 복이 있는 사람이든 없는 사람이든, '누구든지 이 방법대로만 하면 성불할 수 있다'는 뜻이 간직되어 있다.

또 화두話頭의 '말씀 화話'는 '말'이라는 뜻이요, '머리 두頭'는 '앞서간다'는 뜻을 지니고 있다. 따라서 화두는 '말보다 앞서가는 것, 언어 이전의 소식'이라는 뜻을 지닌 단어이다. 흔히 책의 머리말을 '서두序頭'라고 하듯이, 참된 도를 밝힌 말 이전의 서두, 언어 이전의 소식이 화두이다.

곧 화두는 근본 마음자리나 진리 등을 설함에 있어서, 처음부터 끝까지를 차근차근하게 말한 것이 아니라, 직설적으로 가장 요긴한 답만을 말한 것이다.

마치 책의 첫머리에 붙어 있는 서두가 책의 구체적인 내용을 밝히기보다는 그 책을 읽도록 유도하는 정도에서 그치는 것처럼, 진리나 질문에 대한 해답을 풀어서 이야기해 주지 않고 첫머리에서 끝내버린 것이 화두이다.

이와 같은 화두는 원래 조사스님들의 선문답禪問答에서 출발하였다.

옛 조사스님들은 의문에 가득 차 있는 제자의 질문에 대답을 할 때, 자세한 설명이 아니라 상대의 마음을 꿰뚫는 직설적인 언어로써 답을 하셨다.

곧 답을 해주시는 조사의 경지에서 그대로 답을 하신 것이다. 자연, 도가 익은 제자는 그 말씀을 알아들고 문득 깨달음을 이루게 되지만, 도가 익지 않은 제자는 도무지 무슨 말인지를 알아듣지 못하여 의문만을 더욱 키우게 된다.

이렇듯 도무지 알 수 없는 의문을 품게 하는 것이 화두요, 그 의문을 타파하면 말씀을 하신 조사와 같은 경지의 깨달음을 이룰 수 있게 하는 것이 화두이다. 그래서 이 화두를 일러 조사의 집안으로 들어가는 관문, 곧 조사관祖師關이라 하였다.

대표적인 화두

물론 달마대사達磨大師께서 중국에 선종을 세운 초기부터 오늘날과 같은 화두가 정형화되어 있었던 것은 아니다. 오히려 선종의 전성기인 당나라 때에는 위대한 스승이 제자의 근기를 보고 던지는 화두에 목숨을 걸고 깨달음을 구하여 도를 이루었다.

그러나 시대가 내려오면서 선지식이 줄어들고 사람들의 근기가 약해짐에 따라, 차츰 깨달음을 이룬 옛 조사

의 화두를 활용하는 간화선看話禪을 정착시키게 된 것
이다.

이렇게 깨달음의 관문이 되는 화두는 무려 1,700여
가지나 된다. 중국 송나라 때의 선사인 오조법연五祖法
演(1024~1104)→원오극근記悟克勤(1063~1125)→대혜종
고大慧宗杲(1089~1163)까지의 3대에 걸쳐서 여러 가지
시험을 한 다음, 1,700여 가지의 화두 중에서 간절히
의심을 불러일으킬 수 있는 여섯 가지를 택하여 간화선
법을 정립하였다.
　이는 고려의 보조국사普照國師에 의해 우리나라에서도
널리 유통되었는데, 그 여섯 가지 화두는 다음과 같다.

① 문원선사가 조주스님께 여쭈었다.
　"개에게 불성이 있습니까? 없습니까?"
　"없다[無]."

② 어떤 승려가 조주스님께 여쭈었다.
　"달마대사가 서쪽에서 오신 까닭이 무엇입니까?"
　"뜰 앞의 잣나무니라[庭前栢樹子]."

③ 어떤 승려가 동산스님께 여쭈었다.

"어떤 것이 부처입니까?"

"마 세 근이니라〔麻三斤〕."

(마를 삼베라고도 하고 참깨라고도 함)

④ 어떤 승려가 운문스님께 여쭈었다.

"부처가 무엇입니까?"

"마른 똥막대기〔乾屎厥〕."

⑤ 방거사가 마조스님께 여쭈었다.

"만법을 초월하여 홀로 있는 사람은 누구입니까?"

"그대가 서강西江의 물을 한입에 다 마신 뒤에 말해주리다〔一口吸盡西江水〕."

⑥ 어떤 승려가 운문스님께 여쭈었다.

"부처님께서 나오신 곳이 어디입니까?"

"동쪽 산이 물 위로 간다〔東山水上行〕."

이상의 선문답에서 보듯이, 질문에 대한 선사들의 답은 이만저만 이상한 것이 아니다. 일반인의 상식을 완전히 벗어난 엉뚱한 답이다. 그런데 이 엉뚱한 것 같은 답에 대해 간절히 의심을 일으키면, 주인공인 근본 마음자리를 찾는 가장 좋은 길잡이가 된다.

"왜 조주스님은 개에게 불성이 '없다'고 하셨는가?"
"조사의 오신 뜻이 어째서 '뜰 앞의 잣나무'인가?"
"부처를 물었는데 왜 '마 삼 근'이라 하였는가?"
"부처를 '마른 똥막대기'라 한 까닭이 무엇인가?"
"서강의 물을 한입에 다 마시는 방법이 무엇고?"
"부처님 나오신 곳을 물었는데 왜 운문스님은 '동산이 물 위로 간다'고 하셨는가?"

이렇게 무슨 화두든 하나를 잡고 '어째서?', '왜?', '무슨 뜻으로' 그렇게 말씀하셨는가를 묻고 또 되묻다 보면, 어느 순간에 의문 덩어리가 탁 터지면서 조주선사·운문선사·마조선사와 같은 경지에 이를 수 있는 것이다.

간화선법의 예

무자화두無字話頭

이제 개의 불성佛性 여부에 대한 조주趙州 선사의 무자無字 화두를 예로 들어 간화선법 이야기를 조금 더 자세히 풀어보자.

🏵

중국 당나라 때, 예주에 살던 종심從諗과 달정達淨은 함께 발심하여 출가를 하였다. 두 스님은 태양산 서쪽 봉우리를 사이에 두고, 서로 다른 계곡에 초암草庵을 짓고 서로를 격려하면서 수행을 하였는데, 달정스님이 불행히도 먼저 죽고 말았다.

그 뒤 도를 깨달은 종심스님은 '조주趙州'라는 이름

으로 관음원觀音院에 머물면서 달정스님이 환생하여 찾아오기를 기다렸고, 달정은 환생하여 문원文遠이라는 이름의 승려가 되어 조주선사를 찾아왔다.

하루는 문원이 개를 안고 와서 조주께 여쭈었다.

"개에게도 불성佛性이 있습니까? 없습니까?"

"무無(없다)."

이 말씀을 듣고 문원은 도를 깨달았다.

§

'개에게도 정말 불성이 있는가?'를 묻자 조주선사께서는 '무無(없다)'라고 하셨다.

부처님께서는 『열반경』 등의 여러 경전을 통하여, "일체중생에게는 모두 불성이 있다〔一切衆生 悉有佛性〕"고 하셨다. 그렇다면 개에게는 틀림없이 불성이 있고, 불성이 있기 때문에 살아 움직이는 것이다. 그런데 조주선사는 단 한마디 '무無'라는 답을 주었을 뿐이다.

그렇다고 조주스님께서 엉뚱한 답을 주신 것은 아니다. 조주선사의 깨달은 경지에서 곧바로 말씀하신 것이요, 분별심 이전의 참된 답을 일러주신 것이다.

따라서 그 누구라도 조주선사께서 '무'라고 하신 까닭을 분명히 알면 그는 조주선사와 같은 경지에 이르게 된다. 곧 조주선사와 하나가 되어 대오大悟를 하는 것이다.

그러나 대부분의 사람들은 조주선사께서 '무'라고 하신 까닭을 이해하지 못한다. 그러므로 화두참선법에 의지하여 정확한 답을 얻어야 한다.

하지만 머리를 굴려서 얻는 답으로는 안 된다. '없으니까 없다고 했겠지'도 안 된다. 철두철미하게 의심하고, 의심의 삼매 속에 들어가서 해답을 얻어야 한다.

"부처님께서는 일체중생에게 다 불성이 있다고 하셨다. 그런데 조주선사는 무슨 뜻으로 '무'라고 하셨는가?"

"틀림없이 개에게도 불성이 있는데, 왜 조주스님은 '무'라고 하셨는가?"

"왜 '무'라고 하셨는가?"

"왜 '무'인가?"

"무?"

"어째서?"

이와 같은 "?", 이와 같은 끊임없는 물음 속에서 '나'

와 떨어지지 않는 진짜 의심을 갖는 것, 그리하여 한 덩어리 크나큰 의심을 만들면서[打成一片] 나아가는 것, 이것이 간화선이요 화두선법이다.

그 말씀을 의심疑心하여 '왜 그렇게 말씀하셨는지?' '말씀하신 까닭이 무엇인지?'를 분명히 알고자 하고, '말씀의 참뜻이 무엇인지?'를 깊이 탐구하게 되면 조주선사의 말씀은 곧 그대로 화두話頭가 된다.

그리고 그 답을 끊임없이 물어 들어가면 조주께서 제시하신 화두의 참뜻을 '바로 볼 수 있게 되고[看話]', 분별 이전의 본래 자리를 깨달을 수 있게 된다.

다시 한번 정리하면 간화선看話禪은 조사의 진실한 언어인 화두에 커다란 의심을 품고 끝까지 몰입하여 들어가서, 주객이 끊어지고 생각의 길이 끊어진 상태에 이르러서, 커다란 의문만이 덩그러니 남게 될 때 깨닫게 되는 참선법이다.

따라서 도를 깨닫겠다는 결심을 발하여 화두를 지극히만 의심하면 간화선의 목표인 깨달음을 증득할 수가 있다.

문제는 자증력

　문제는 '나'에게 깨달음을 스스로 증득하고자 하는 힘인 '자증력自證力'이 있느냐 없느냐 하는 것이다. 부처님이나 조사들께서는 본래의 고향집으로 돌아가는 길을 잘 가르쳐주셨지만, 나 스스로가 길을 걸어가지 않으면 본래의 고향집으로 돌아가지 못한다. 그 길이 어떠하고 고향이 어떠하다는 것을 아무리 자세히 일러주어도, 스스로 나아가지 않으면 길의 편함과 어려움조차 알 수가 없는 것이다.

　참된 길[道]은 말에 있는 것이 아니다. 참된 도道는 언어 이전의 자리로 돌아가야 계합할 수 있다. 그래서 부처님께서는 열반에 들기 직전에 대중들을 모아놓고 평생을 설하신 8만 4천 법문을 방편이요 약방문이라고 선언하셨다.

> 이것이 병을 낫게 하는 방법이기는 하지만
> 약방문이 병을 고치는 약은 아니니라
> 불이라고 외쳐도 입이 타지 않는 것처럼!

　　此是濟世之醫方　차시제세지의방

非療病之良藥　　비료병지양약

道火未曾燒却口　　도회미증소각구

아무리 약방문이 많다고 할지라도, 그 약방문만으로는 병을 낫게 할 수가 없다. 자기의 병에 맞는 약방문을 골라서 약을 지어 먹을 때에만 병을 고칠 수가 있다.

설혹 팔만대장경을 다 외웠다고 할지라도, 그것은 약방문을 외운 것일 뿐 약 자체가 아니다. 하지만 약방문을 모르더라도 약만 먹으면 병은 나을 수가 있다.

그 약이 바로 언어분별 이전의 화두이며, 화두를 참구하는 간화선 수행은 그 약을 먹는 일인 것이다.

실로 부처님 당시에도 소승의 최고 성자인 아라한阿羅漢의 경지에 이른 제자가 1,200명이 넘었지만, 부처님께서 꽃을 들었을 때 미소를 지은 이는 가섭존자 한 분뿐이었다.

두타행頭陀行을 즐겨 행하였던 가섭존자는 부처님 곁에 머문 시간이 적었지만 능히 깨달았고, 매일 같이 부처님을 모시고 법문을 들었던 제자들은 모든 분별을 떠난 본래면목을 완전히 깨닫지 못했다.

그 까닭이 무엇이겠는가? 부처님 곁의 제자들은 '스스로 깨달음의 길을 걷겠다'고 하는 절대적인 자증력이 부족했기 때문이었다. 부처님께서 주시는 약방문에 더 마음을 쏟았기 때문이었다.

정녕 절대적인 자증력으로 본래면목을 완전히 회복하느냐 회복하지 못하느냐는 '나' 스스로에게 달려 있고, 이와 같은 자증력에 의지하여 깨달음을 이루고 본래면목을 회복하는 것이 바로 참선수행이다.

조사스님께서 약방문으로 던진 화두를 스스로의 힘으로 깨쳐 가다 보면, 홀연히 부처님의 손에 들린 한 송이의 꽃을 보고 미소를 지을 수 있게 되는 것이니, 이것이 바로 간화선법인 것이다.

간화선법은 자력自力, 곧 자증력自證力의 수행법이다. 내 힘에 의해 '나'의 본래 자리로 돌아가는 수행법이다. 하나의 화두를 택하여 그 화두를 꿰뚫어 보는 수행법이다.

이 자력의 참선수행을 하다 보면 그 힘에 의해 삼악

도가 떨어져 나가고 업이 녹아내린다. 나아가 무명이 사라지고 지혜가 빛나며, 생사일대사生死一大事를 능히 해결할 수 있게 되는 것이다.

✤

잊지 말지니, 간화선의 화두는 마치 열쇠와도 같은 것이다. 옛날에는 자식을 장가보내고 시집을 보낼 때 집을 사주고 장롱을 사주고 폐물과 살림 일체를 사주었는데, 요즘은 아들딸을 장가보내고 시집보낼 때 열쇠 하나만 준다고 한다. 열쇠만 가지고 가서 아파트 문을 열면 그 안에 모든 살림이 다 갖추어져 있는 것이다.

이처럼 '왜 무라고 하셨는가?' 하는 이 열쇠, 이 물음표(?)라는 열쇠를 가지고 문만 열게 되면 팔만 사천 법문과 무진장의 보배가 가득 차 있는 마음자리를 되찾아 부처를 이루게 된다.

그러나 화두를 깨치는 것이 쉬운 일은 아니다. 적당한 답을 알았다고 하여 될 일도 아니요, 그냥 경험 삼아 할 수 있는 공부도 아니다.

그럼 화두를 잘 들 수 있는 특별한 요령은 없는 것

인가?

요령은 없다.

화두에 대해 의심을 불러일으켜 간절히 참구參究하는 것! 이 방법 외에는 별다른 요령이 없다. '간절 절切!' 이것이야말로 참선법·화두선법의 가장 요긴한 방법이다. 간절한 의심을 품고 꾸준히 나아가는 것이 참선정진에 있어 가장 요긴한 점인 것이다.

화두에는 좋은 화두·궂은 화두가 따로 없고, 잘 되는 화두·안 되는 화두가 따로 있는 것이 아니다. 또한 화두에는 비밀도 없다.

"내가 하는 화두는 바른 화두인가? 나에게 맞는 것인가?"

화두를 들다가 이와 같은 생각을 하는 것도 쓸데없는 망상일 뿐이다. 그냥 내가 받은 화두를 간절하게 간절하게 의심하면 된다. 이것이 참선하는 가장 요긴한 방법이라는 것을 명심하여, 화두에 몰두하고 선정을 이루기를 당부드린다.

Ⅲ
활구와 사구

송담스님
달마화

사구에 빠지지 말라

어떤 것이 사구死句인가

대저 공부하는 이는
모름지기 활구를 참구할 뿐
사구를 참구하지 말라
대 저 학 자 수 참 활 구 막 참 사 구
大抵學者 須參活句 莫參死句

『선가귀감』에 있는 이 말씀처럼 참선을 하는 이, 특히 간화선看話禪을 하는 이는 살아있는 말인 활구活句를 들어야지, 죽은 말인 사구死句를 들어서는 안 된다.

그럼 어떤 화두가 활구이고 어떤 것이 사구인가? 『선가귀감』을 쓴 서산대사西山大師께서는 이르셨다.

"마음 길이 끊어지고 말 길도 끊어져서 더듬고 만질 수 없는 것은 활구요, 뜻을 연구하고 생각하여 이해할 수 있는 것은 사구이다."

하지만 이 말씀이 이해가 되지 않는 이들도 많을 것이다. 그러므로 활구에 대한 이해를 돕기 위해 활구의 반대인 사구에 대한 설명부터 하겠다.

사구는 죽은 화두인데, 서산대사께서는 '뜻을 연구하고 생각하여 이해할 수 있는 것은 사구'라고 하셨다.

요즘 사람들은 '화두'라는 말을 즐겨 쓴다. '이 시대의 화두', '내 삶의 화두' 등의 말을 많이 한다. '해결해야 할 숙제', '풀어야 할 과제', '이루어야 할 목표'라는 뜻으로 화두를 인용하고 있는 것이다.

그러나 이러한 것들은 활구가 되지 못한다. 생각하고 연구를 하여 풀고자 하는 것이기 때문이요, 그 답 또한 한 가지가 아니라 사람마다 달리 나올 수 있는 것이기 때문이다.

'과연 어떻게 하는 것이 좋은가?'

'그래, 이런 방법으로 풀어 나가자!'

'아니야. 저렇게 하는 것이 더 좋지 않을까?'

이렇게 여러 가지로 생각하고 궁리하는 것은 모두가 사구死句일 뿐, 살아있는 화두가 아니다.

또한, 자기의 본질을 찾아 들어감에 있어 '진정한 나는 무엇인가?', '마음이 무엇인가?' 하고 의심을 하는 것도 사구이다.

왜냐하면 '마음이 무엇인가'라는 질문을 던지고 그 해답을 찾다 보면, 한없는 분별과 함께 상상의 나래를 마음대로 펼쳐나가게 되기 때문이다. 잠깐 이와 관련된 나의 이야기를 하겠다.

🏵️

나는 14세 때인 1942년 3월에 양산 통도사로 출가하여 당대의 대강사이신 고경古鏡 스님을 은사로 모셨다. 그러나 어린 마음에 강사인 은사스님보다 선사인 경봉鏡峰 스님이 훨씬 멋있어 보였다. 그래서 16세 남짓부터 은사스님이 출타를 하시면 경봉스님이 계신 극락암으로 뛰어 올라가서 경봉스님께 법문도 듣고 질문도 던졌다.

"스님요, 저도 참선을 할 수 있습니까?"

"할 수 있다. 해라."

"조주스님의 '무無'자 화두 할까요?"

"오냐. 무자 화두 해라."

얼마 뒤, 또 극락암으로 달려가서 경봉스님께 여쭈었다.

"스님께서는 '시심마是甚麼(이 무엇고)' 화두를 많이 권하시던데, 저도 시심마 화두 할까요?"

"오냐. 시심마 화두 해라."

그렇게 극락암을 오르내리며 이 화두 저 화두에 대해서 묻자, 하루는 경봉스님께서 근엄하게 말씀하셨다.

"일타야, '참선은 늙은 쥐가 쌀뒤주를 뚫듯이 해야 한다'는 말을 들어보았느냐?"

"?"

"쥐가 쌀뒤주를 뚫을 때 한 자리만 집중해서 뚫어야지, 여기 뚫었다가 저기 뚫었다가 하면 어떻게 되겠느냐?"

"쌀뒤주를 못 뚫습니다."

"화두도 마찬가지다. 조주 '무' 자면 조주 '무' 자, 시심마면 시심마, 한 가지만을 잡고 뚫어나가야 한다."

사미승인 나는 '그렇겠다', '맞다'는 생각이 들어 그때부터 틈만 나면 '시심마是甚麼' 화두를 들었다.

　그런데 화두에 대한 가르침을 제대로 받지 못했기 때문에 시심마의 한문을 '이 시是, 마음 심心, 어찌 하何'자로 생각하였다.

　'이 무엇고?' 곧 '이 몸을 끌고 다니는 주인공이 무엇인고?' 하는 시심마 화두를 '이 마음이 무엇인가?'라고 하였다.

　어릴 때부터 '모든 것은 마음먹기에 달렸다'는 일체유심조一切唯心造의 법문을 좌우명처럼 여겼던 나였기에, 시심마를 내 나름대로 '이 마음이 무엇인고'로 해석한 것이며, 이 엉뚱한 화두를 들고 그 뒤 2, 3년 동안 틈틈이 참선을 하였다.

　그리고 뒷날 선방에 가서야 시심마 화두에 대해 잘못 해석하였다는 것을 알았으며, 결과적으로 그 2, 3년 동안은 그릇된 사구 수행을 하고 만 것이었다.

생각이 자꾸 번져 나가면 사구

　오늘날에도 이 '시심마' 화두를 '마음이 무엇인가?'로 착각하는 이들이 더러 있다. 그런데 '마음이 무엇인가?'를 생각하다 보면 '나'의 한계 속에서 생각의 나래를 펴는 경우가 많다.

　'마음은 몸과 상대적인 것이다.'

　'마음은 이 몸을 움직이는 주인공.'

　'때로는 한없이 간사한 이 마음.'

　'마음대로 한다는 그 마음은 무엇인가?'

　'과연 진짜 마음은 어떻게 생긴 것인가?' 등등.

　이렇게 정확한 실체를 파악할 수 없어 거짓으로 이름을 붙인 이 '마음'에 대해, 스스로의 상식과 경험을 총동원해서 끊임없이 추측을 해보고 생각을 전개시켜 나가는 것이다.

　그렇게 되면 '마음의 길이 끊어지고 말의 길이 끊어져서 근원으로 돌아가는' 참선수행을 하는 것이 아니라, 자칫 생각과 번뇌를 따라 놀아나는 꼴이 되어 버린다. 그리고 적당한 결론을 나름대로 내린 다음에 그것을 해답으로 삼기도 한다.

그러므로 '마음이 무엇인가?'를 의심하는 것은 깨달음의 궁극에 이르는 것과는 전혀 반대의 결과를 초래하게 되기 때문에, 이와 같은 의문을 죽은 말, 곧 사구死句로 규정한다.

그리고 어떠한 대상이나 목표를 두고 고요히 사색에 잠기는 명상瞑想 수행법 또한 간화선의 입장에서 보면 사구에 해당하는 것이다.

그럼 정통적인 화두는 다 활구活句인가? 꼭 그렇지만은 않다. '무無', '뜰 앞의 잣나무', '삼 세 근' 등과 같이 많은 이를 깨닫게 하고 전통성을 지닌 화두라 할지라도, 화두를 드는 당사자가 그 답을 적당히 추측하거나 머리를 굴려서 얻으려고 하면 사구死句를 참구하는 것이 된다.

우리가 옛 조사의 화두를 여러 가지 이론과 관념의 틀에 예속시켜 나름대로 해석을 하거나, 그 답에 대해 요모조모로 생각을 하고 분별을 일으킨다면, 그 화두는 활구에서 사구로 바뀌어 버린다. 그리고 이렇게 참선을 하면 진정한 답과는 더욱 멀어져만 갈 뿐이다.

절대로 잊지 말라.

조사의 화두는 내가 어떻게 하느냐에 따라 활구가 되기도 하고 사구가 되기도 한다. 화두를 들되 분별심으로 헤아리거나 의심 없이 멍청하게 들면 사구가 되는 것이다.

곧 의심 없는 화두나 의문의 고리가 제대로 걸리지 않는 화두는 모두 사구가 되고 만다는 것을 깊이 명심해야 한다.

소의 뿔 속으로 들어간 쥐가 꼼짝달싹을 못 하고 오로지 빠져나갈 궁리만 하듯이, 참선으로 깨달음을 구하는 이는 오로지 화두에 대한 의심 속에 빠져들어 답을 구하여야 하는 것이다.

활구活句 참선법

지극한 의심과 활구

앞에서 설명한 사구死句의 뜻을 명확히 알았으면 활구活句가 무엇인지는 대충 짐작하였을 것이다.

조사의 화두를 접하는 순간, 의심의 갈고리가 마음에 꽉 걸리면 그것이 활구活句이다.

서산대사께서는 활구를 정의할 때, '말 길이 끊어지고 마음 길이 끊어져서 더듬거나 만질 수 없는 것'이라고 하셨다. 곧 어떠한 언어적인 답이나 분별망상이 범접하지 못하는, 진정한 의심의 불길이 타오르게 되면 그것이 살아 있는 활구이다.

활구의 화두가 되면 '왜? 어째서? 무슨 뜻인가?' 하는 '?'의 갈고리만이 '나'를 가득 채우고 주위를 가득 메운다. 어떤 고상한 이론과도 벗하지 않고, 이런저런 생각으로 답을 헤아리지도 않는다. 그냥 '?'와 하나가 되는 것이다. 이것이 활구요 진짜 간화선이다.

활구의 생명은 의심에 있다. 의심의 갈고리가 꽉 걸리는 데 있다.

예리한 낚시 고리가 '나'의 목구멍에 꽉 걸렸다고 하자. 무엇에 관심을 갖고 무슨 일을 하겠는가? 오직 그 고리를 제거하는 데만 집중을 할 것이다.

활구는 바로 이러한 것이다. 나의 숨통을 조이는 의문의 고리를 풀어내기 위해 온 힘을 다하는 것! 이렇게 되면 저절로 살아 있는 화두인 활구가 된다.

이 활구와 관련된 옛 조사의 깨달은 이야기는 참으로 많다. 그러나 여기에서는 절 집안에 전래되고 있는 한 편의 이야기로 이해를 돕고자 한다.

❀

옛날, 중국의 농촌 마을에 금실 좋은 부부가 살고 있었다. 하지만 애석하게도 그들 부부에게는 자식이 없었다.

'아들 하나 얻었으면 소원이 없으련만….'

간절한 소망 덕분인지 그들 부부는 마흔이 넘어 아들을 얻게 되었고, 그 아들이 그렇게 귀하고 사랑스러울 수 없었다.

"금덩어리보다 더 귀한 내 아들!"

"금덩어리라뇨? 옥보다도 더 귀하지요."

이러한 대화를 나누던 부부는 아들의 이름을 '금옥金玉'이라 짓고, '금이야 옥이야' 하며 키웠다. 잠잘 때를 제외하고는 항상 안거나 업고 키웠으며, 심지어는 아들이 화장실에서 대변을 볼 때도 부부가 양쪽에서 안아서 볼일을 볼 수 있게 하였다.

이렇게 애지중지 업고만 키우다 보니, 아이의 다리는 완전히 'O' 자가 되어 혼자 걸을 수조차 없게 되었다. 그리고 무엇이든지 해달라는 대로 금방 해주고 '오냐 오냐' 하며 키웠기 때문에 성질이 아주 이상해져서, 조금만 마음에 들지 않으면 소리를 지르고 발버둥을 쳤다. 그렇지만 그들 부부에게는 아들이 마냥 귀엽고 귀하기만 했다.

아들의 나이 7살이 되었을 때, 아버지는 바람도 쐴 겸 아들을 등에 업고 집에서 조금 떨어진 동산으로 갔다. 그런데 등에 업혀 있던 아들이 갑자기 아버지의 머리를 '쿡' 쥐어박더니 소리쳤다.

"아버지!"

"왜?"

"저것 줘."

"저것? 무엇 말이냐?"

그러자 아들은 아버지의 머리며 등을 닥치는 대로 때리면서 발악을 하듯 소리를 질렀다.

"저것 줘—"

"저게 무엇인데? 무언지를 알아야 줄 것이 아니냐?"

"저것 줘! 저것! 빨리!"

제 성질에 못 이겨 발악을 하던 아들은 거품을 내뿜다가 숨이 넘어가 버렸고, 다급해진 아버지는 아들을 둘러업고 단숨에 집으로 달려왔다. 그러나 그토록 애지중지 키웠던 아들은 이미 죽어 있었다.

아버지는 기가 막혀서 죽은 아들 옆에 멍하니 앉아 있었고, 어머니는 죽은 아들을 안고 통곡을 하다가 화살을 남편에게로 돌렸다.

"이놈의 영감, 내 자식 살려내라. 금옥이 살려내!"

고함을 지르고 남편을 때리며 울다가 지치면 잠이 들

고, 깨어나면 또다시 남편에게 퍼붓고…. 그러다가 아내가 문득 말했다.

"이놈의 영감아! '저것 줘'할 때 아무거나 집어줬으면 될 텐데, 묻기는 왜 자꾸 물었어? 돌멩이든 들꽃이든 덜렁 집어주었으면 금옥이가 넘어가지는 않았을 것 아니야?"

순간, 혼이 나간 듯이 앉아 있던 아버지의 머리에 한 생각이 강하게 스치고 지나갔다.

'그래 맞아. 금옥이가 도대체 무엇을 달라고 했지? 금옥이가 원했던 것은 도대체 무엇이지?'

그 순간부터 아버지는 생각하고 또 생각하였다.

'금옥이가 무엇을 달라고 했을까?'

'무엇을 달라고 했을까?'

'도대체 무엇을?'

'무엇을?'

아버지는 이 의문에 깊이 빠져들었다. 밥도 먹지 않고 잠도 자지 않고 그냥 앉은 채로 금옥이가 달라고 한 것이 무엇인지를 되물었다. 그렇게 7일을 생각하다가, 옆에서 잠을 자고 있던 아내가 몸부림을 치면서 발로 '팍' 차는 순간에 대오大悟하였다.

깨치고 보니 아들 금옥이가 달라고 한 것은 빈 주먹이었고, 깨치고 보니 아들 금옥이는 전생에 함께 도를 닦던 도반이었다.

지난 생, 인물이 잘생긴 스님과 얼굴이 검고 험상궂게 생긴 스님이 깊은 산중에서 도를 닦고 있을 때, 젊은 보살이 두 스님에게 양식을 대주고 공양을 올리며 이바지를 하고 있었다. 그러다가 잘생긴 스님과 보살은 은근히 마음으로 사모하게 되었고, 자연 잘생긴 스님의 공부는 진척이 있을 수가 없게 되었다.

오래지 않아 잘생긴 스님과 보살은 일찍 세상을 하직하였고, 전생에 품은 연심戀心이 씨앗이 되어 금생에서 부부의 연을 맺게 되었다. 하지만 전생에서 독신으로 산 때문인지 그들 부부에게는 자식이 없었다.

한편, 얼굴이 검은 스님은 잘생긴 스님과 보살이 죽은 후에도 꾸준히 도를 닦아 마침내 대오大悟를 하였다. 그리고 전생의 도반을 제도하기 위해 몸을 바꾸어서 그들 부부 사이에 태어났고, 그들 부부가 아들에게 더할 나위 없이 애착을 가지도록 한 다음, '저것 줘!' 하면서 죽어버린 것이다.

지극한 의심!

'무엇을 달라고 했던가?' 하는 간절한 의심을 일으키게 하기 위해 전생의 도반인 금옥이는 죽어버렸고, 아버지는 금옥이에 대한 애착만큼이나 지극한 의심을 일으켜서 마침내 도를 이루었던 것이다.

ξ

'도대체 무엇을 달라고 했던가?'

바로 이것이야말로 의심이 활활 살아있는 활구요 진짜 화두이다. '이렇다·저렇다', '좋다·나쁘다', '맞다·틀렸다'는 등의 일체 분별이 들어설 틈바구니가 전혀 없다. 그냥 '무엇을?'이라는 의문의 갈고리만이 꽉 걸려 있다. 이것이 활구요 진짜 화두이다.

금옥이의 아버지는 '화두'라는 말도 몰랐고 참선을 하는 법도 제대로 몰랐다. 그러나 전생의 인연 때문에 고리가 걸린 것이다. 이렇게 의문의 고리에 완전히 걸리면 그것이 활구이다.

'금옥이가 달라고 한 것이 도대체 무엇인가?'

이것은 1천7백 가지 화두 속에는 없는 것이다. 그렇지만 아버지에게는 이것이 깊은 의문의 갈고리가 되어 버렸다. 그리고 일념으로 의심하여 마침내 그 의문을 풀었고 도를 깨쳤다.

물소의 뿔 속으로 들어선 쥐처럼 꼼짝 없이 의문 속으로 빠져들어 갔을 뿐, 불안해하거나 되돌아서 나오려는 궁리도 하지 않았다. 오로지 '그 까닭'만을 알고자 한 것이다.

이렇게 깊은 의문의 고리가 걸리면 그때부터 화두는 펄펄 살아나게 되고, 화두에 대한 의심이 펄펄펄 살아 있는 활구活句와 함께 하게 되면 깨달음이 결코 멀지 않다. 이에 대해 원나라 고봉高峰(1238~1295) 스님께서는 『선요禪要』를 통해 분명히 말씀하셨다.

"화두에 대한 의심이 끊어지지 않으면 이를 진짜 의심이라고 한다. 진짜 의심에 들면 차례도 없어지고 앞뒤도 끊어지기 때문에, 동과 서를 분별하지 못하고 남과 북을 가리지 못하게 되느니라.

만약 진짜 참선을 하고자 할진대는 만 길 깊은 물 속에 돌멩이 하나를 던진 것과 같이하여, 꼭대기에서부터 바닥까지 털끝만 한 간격도 없이 내려가게 하라.

만약 화두를 이와 같이 들었는데 7일 안에 대오

를 하지 못한다면, 진실로 나는 너희를 대신하여 지옥에 가리라."

이 말씀처럼 우리가 진짜 의심이 끊어지지 않는 활구의 화두를 들고 참선을 하면 7일 이상이 필요 없다. 틀림없이 부처님이나 조사들처럼 대오를 한다.

다시 한번 정리를 하겠다.

어떤 것이 활구요 진짜 참선인가?

금옥이 아버지처럼 의심의 갈고리가 꽉 걸리면 활구가 된다. 화두에 대한 의심이 또렷하여 망상이 범접하지 않는 경지, 밤이나 낮이나 잠을 자나 꿈을 꾸나 온통 화두에 대한 의문이 가득한 경지가 진짜 참선의 경지이다.

이러한 활구를 들고 진짜 참선을 하게 되면, 누구든지 부처님과 역대 조사들처럼 일대사인연一大事因緣을 해결하게 되는 것이다.

모름지기 활구를 참구하여 큰 깨달음 이루기를 축원하는 바이다.

화두를 계속 이어지게 하라

간화선看話禪(화두를 들고 행하는 참선법)에 있어서 가장 중요한 것은 의심! 이를 선에서는 대의단大疑團이라고 한다. 큰 의심으로 똘똘 뭉쳐진 덩어리라는 뜻이다. 조사스님께서 일러주신 화두가 '나'에게 큰 의심덩어리로 딱 걸리게 되면 확철대오는 반드시 '나'의 것이 된다.

하지만 참선을 하는 사람이 똘똘 뭉쳐진 의심덩어리와 함께 하기란 쉽지가 않다. 오히려 산란散亂하기 그지없는 번뇌망상과 흐리멍덩한 혼침昏沈의 상태에 빠져서 화두를 놓쳐버리는 경우가 비일비재하다.

막상 화두를 잡고 앉으면, 놋젓가락을 가지고 계란을 잡으려 할 때 계란이 요리조리 미끄러지고 빠져나가듯이, 화두가 자꾸 달아나고 번뇌망상과 졸음 등의 혼침이 자꾸만 스며드는 것이다.

더욱이 중생의 사는 모습은 번뇌망상과 혼침의 연속이니 더 이상 말할 것이 있겠는가?

그런데 중생의 마음 깊은 곳에는 무엇인가에 의지하거나 무엇을 붙들고 싶어 하는 속성이 있다. 그래서인지

자기의 힘으로 자기를 찾는 참선수행보다는, 부처님이나 불가사의한 힘에 의지하는 염불이나 주력 등의 타력他力 신앙에 쉽게 접근을 한다.

그리고 자력自力으로 해결해야 하는 화두선법을 어렵게만 느낀다. 세세생생 동안 익히지 않았고 연緣도 깊지 않기 때문에, 화두 정진이 쉽지 않은 것은 오히려 당연하다 하리라.

그렇다고 하여 포기해 버리면 안 된다. 화두가 잘되지 않을수록 꾸준한 노력이 뒤따라야 한다. 그러나 평범한 마음으로 노력하겠다는 의지 정도로는 안 된다. 깨달음을 이루겠다는 목표를 또렷이 설정하고 밀어붙여야 큰 의심덩어리가 걸리게 되는 것이다.

화두가 잘되지 않는다고 쉽게 포기하지 말라. 자꾸자꾸 노력하다 보면 시간이 지나면서 의문의 갈고리가 차츰 크게 걸리게 되고, 결국에는 지혜의 눈이 열리게 된다.

곧 염불이나 주력을 계속하다 보면 식識이 맑아지고 업이 녹아내리면서 지혜가 밝아지는 것처럼, 화두를 꾸준히 들다 보면 식이 맑아지고 지혜가 밝아지는 것이다.

그러므로 화두에 집중이 잘되지 않으면 그 화두를 송誦하기도 하고 염念하기도 하여야 한다.

송誦하라는 것은 '이 무엇고', '무無', '삼 세 근' 등 자기가 들고 있는 화두를 '입으로라도 되뇌라'는 것으로, 입으로 외운다고 하여 '송誦'이라고 한다.

물론 이것은 큰 의심을 중심으로 삼는 활구참선법의 요점이 아니다. 그래서 옛 조사들은 이 방법을 취하지 않는 것을 원칙으로 삼고 있다.

하지만 화두에 집중이 잘되지 않을 때는 이 방법이라도 쓰라고 하셨다. 부처님 명호를 외우며 염불하듯이, 속으로 화두를 꾸준히 송하다 보면 자기도 모르는 사이에 화두를 자꾸 '염念'하게 된다.

우리는 흔히 부처님의 명호를 부르는 것을 염불念佛이라 여긴다. 그러나 부처님의 명호를 입으로 외우는 것은 구불口佛이요 송불이지, 염불念佛이 아니다.

염불은 입으로 하는 것이 아니라 마음으로 부처님을 생각하는 것이다. 하지만 입으로 꾸준히 외우다 보면 '생각 염念' 자 염불이 이루어지게 된다.

이와 같이 속으로 화두를 꾸준히 외우다 보면, 굳이

의식을 하지 않더라도 속에서 화두가 저절로 흘러나오게 되고, 그것이 계속되면 마침내는 화두를 생각하는 염念이 되는 것이다.

단, 이때 꼭 새겨야 할 한 가지가 있다.

'?'

화두를 '송誦'하든 '염念'하든 '?', 곧 '의문의 고리를 걸어라'는 것이다.

그냥 '이 무엇고'가 아니라 물음표가 있는 '이 무엇고?'를 만들어 가야 한다.

그냥 '무'가 아니라, 물음표가 있는 '무?'로 만들어 가야 한다. '왜 무냐?', '어째서 무라고 했나?'를 염念 해야 한다는 것이다.

이렇게 화두를 계속 의심하면서 송하고 염하게 되면, 일을 하거나 말을 하면서도 화두가 또렷하게 들리는 간화두看話頭를 할 수 있게 된다.

화두를 바라보는 간화두看話頭! 이 간화두가 되면 홀연히 참 의심(眞疑)이 저절로 일어나서, 산을 보아도 산이 아니요 물을 보아도 물이 아닌 대무심大無心에 들게 되는데, 비로소 이를 참선화두, 곧 참화두參話頭라고 하는 것이다.

참화두만 되면 정녕 확철대오는 멀지가 않다.

❁

이제 화두를 송하고 염한 나의 이야기를 잠깐 하겠다.

내가 선방에서 참선을 시작한 것은 1946년 송광사 삼일암의 하안거 때였다. 나는 조실이신 효봉曉峰(1888~1966) 스님을 찾아가서 화두부터 점검을 받았다.

"들고 있는 화두가 있느냐?"

"시심마를 하고 있습니다."

"시심마 화두를 어떻게 하고 있느냐?"

"이 마음이 무엇인가를 생각하고 있습니다."

"이놈 봐라. 순 엉터리구나."

그리고는 '시심마' 화두의 참뜻을 일러주신 다음에 말씀하셨다.

"시심마 화두에 의심이 일어나지 않거든 '건시궐乾屎厥' 화두를 들도록 하여라.

옛날 어떤 스님이 운문선사께 여쭈었지.

'어떤 것이 부처입니까?'

'마른 똥 막대기니라〔乾屎厥〕.'

부처를 마른 똥 막대기라고 하였으니 이상하지? 의심이 나지?

화두를 깨치려면 의심이 지극해야 한다. '왜?'라는 물음표가 분명해야만 빨리 깨달을 수 있는 법이다."

그러나 나는 그 순간에, 온 법계에 부처님이 두루 충만 되어 있다는 '불신충만변법계佛身充滿遍法界'라는 말이 떠올랐고, 나의 생각은 다른 쪽으로 굴러갔다.

'온 법계에 부처님이 가득하시다는 것은 어디에나 부처님이 계신다는 것이다. 어찌 절이나 법당에만 있으랴. 뒷간에도 부처님이 있는 것이 당연하며, 젖은 똥이든 마른 똥이든 부처 아닌 것이 어디에 있으랴.'

이와 같은 분별 망상 때문에 나는 건시궐 화두에 대한 의심을 불러일으킬 수가 없었다. 더욱이 의심도 일어나지 않는 화두를 들고 선방에 앉아 있으려니 그렇게 힘이 들 수가 없었다. 다리는 저려오기 시작했고, 몸은 저절로 뒤틀렸다. 때로는 다리에 쥐가 나서 가부좌한 자세를 풀기까지 하였다.

'안 되겠다. 몸 하나 제대로 가누지 못하면서 이 어렵다는 참선을 어떻게 하노? 다리가 떨어져 나가도 좋다.

이 고비를 넘기리라.'

강하게 결심을 하고 나는 결가부좌한 다리를 끈으로 묶었다. 시간이 지나자 다리가 아파 오기 시작했지만, 3시간 동안씩을 죽으라고 앉아 있었다. 며칠을 그렇게 수행하였더니 그 뒤부터는 전혀 다리가 아프지 않았다.

그런데 자세가 편안해지자 졸음이 밀려오기 시작했다. 삼일암 선방에서는 하루 4시간만 잠을 자고 12시간을 정진하였는데, 밀려오는 졸음을 감당하기가 참으로 어려웠다. '안 되겠다' 싶어 효봉스님을 찾아가서 여쭈었더니 간단히 말씀하셨다.

"졸음을 쫓는 특별한 방법은 없다. 화두를 열심히 챙겨 드는 수밖에는…. 끊임없이 의심을 불러일으키면 졸음과 망상이 달아나느니라."

나는 다시 선방으로 가서 '건시궐(마른 똥 막대기)' 화두를 하였지만, 역시 의심은 크게 일어나지 않았고 졸음도 물리칠 수가 없었다. 그래서 몇몇 조사스님들께서 설하신 '염불을 하듯 드는 화두법'을 생각해 내었다. 염불을 하는 이가 '나무아미타불'이나 '관세음보살'을 끊임없이 외우듯이 '건시궐' 화두를 계속 외웠다.

그 요령은 다음과 같다.

먼저 '부처가 무엇입니까? 건시궐!'이라고 자문자답을 하면서 숨을 크게 들이킨 다음, 그 숨이 다 나갈 때까지 '건시궐? 건시궐? 건시궐? 건시궐? 건시궐? 건시궐?…'을 여러 차례 외운다.

그리고 다시 숨을 들이킬 때 '어째서 건시궐이라 하였는고?'를 생각하고, 또 숨을 내쉴 때 '건시궐? 건시궐? 건시궐? 건시궐? 건시궐…'을 계속 염하는 것이다.

이렇게 염불을 하듯이 끊임없이 '건시궐'을 외우며 의심을 불러일으키다 보니 졸음과 망상이 저절로 달아나기 시작하였고, 좌선을 하지 않는 방선放禪의 시간에 다른 스님들이 말을 걸거나 질문을 하면, 대답 대신 '건시궐'이라는 말이 먼저 나오게까지 되었다.

처음 선방에 가서 '화두를 염불하듯 외우며' 여름 한철을 지낸 것이, 내 평생 동안 참선을 해야 한다는 생각을 버리지 않게 해 준 근간이 되었다.

그리고 나를 찾아와서 '화두가 잘되지 않는다'며 하소연을 하는 참선수행자에게는, 화두를 송하고 염하는 이 방법을 많이 일러주었다.

❀

만약 화두에 대한 의심 대신에 혼침과 졸음, 번뇌 망상이 들끓는다면 위의 요령으로 화두를 송하고 염하여 보라.

그러나 전제가 있다. '안 되면'이다.

간곡히 당부드리건대, 화두가 잘 들리지 않는다고 하여 결코 포기하지 말라. 망상이 많고 졸음 속에 자주 빠질지라도 포기하지 말라.

송하고 염하면서라도 화두를 꾸준히 계속 들고 나아가면 틀림없이 참선의 기틀이 잡히게 되고, 차츰 간화두·참화두로 몰입하게 된다.

부디 참선을 하고자 하는 불자, 참선을 하고 있는 불자들이 이상의 내용을 잘 새겨서, 정진력을 기르고 향상일로向上一路를 걷기를 축원 드린다.

IV

화두 간택과 화두정진

계종스님
달마절로도강도

화두 받기와 지키기

불교의 수행은 일념 공부

　잠깐 불교 공부 일반에 대해 이야기하련다.

　불교 공부는 별다른 것이 아니다. 도를 닦는 공부요 마음을 모으는 공부이다. 그리고 '마음을 얼마나 잘 모으느냐'가 성취의 관건이 된다.

　꼭 참선을 해야만 마음을 잘 모을 수 있고 도를 이루는 것이 아니다.

　'나무아미타불'이나 '관세음보살'을 외우는 염불 수행을 통해서도 도를 이룰 수가 있다. 천수대비주나 '옴마니반메훔' 등의 주력呪力 수행을 통해서도 도를 이룰 수가 있으며, 경전을 열심히 연구하고 그 뜻을 자기의 것으로 만들어 도를 이룰 수가 있다. 나아가 관법·참회·

보시·자비봉사행을 열심히 함으로써 도를 이룰 수도 있는 것이다.

그럼 마음을 모으는 것이 어디에 이르러야 도통道通을 하는가? 꾸준히 정진하여 최소한 생각을 하지 않으려 해도 저절로 생각이 나는 경지에까지는 이르러야 한다.

'관세음보살' 염불을 예로 들어 보자. 남과 대화를 하거나 다른 일을 하면서도 속으로 '관세음보살' 염불이 한결같이 이어지고 늘 관세음보살을 생각하는 경지에까지 이르면 도통과 가까워진다.

참선도 마찬가지이다. 일을 하거나 밥을 먹거나 대화를 하거나 잠을 자며 꾸는 꿈에서, 늘 화두와 함께하고 있으면 도통과 가까워진다.

이 경지에 이르기까지 한 가지 수행 방법을 택하여 꾸준히 마음을 모아가는 것이 불교의 공부이다. 어느 공부를 하던 상관이 없다. 마음만 잘 모아 일념을 이루면 도를 이룰 수가 있다.

그런데 이러한 염불·참선·주력·경전공부 등을 할 때

한 가지 유념해야 할 것이 있다. '그 공부의 목표를 어디에 두고 있느냐?' 하는 것이다.

일반적으로 염불·주력·독경·사경·참회·봉사 등을 하는 사람들 중에는 고난의 해소나 세속적인 욕망의 성취, 현재의 평화와 행복 등을 목표로 삼고 있는 이가 허다하다. 그리고 그들의 목표가 성취되면 염불·주력·독경 등을 그만두는 경우가 많다.

이렇게 하는 것은 공부가 아니다. 이것은 일종의 기도祈禱이다. 매달리는 기도이다. 열심히 매달려서 가피를 입고 목표를 달성하였으니 그만두는 것이다.

그러나 불교 공부는 다르다. 목표가 성불成佛이다. 눈앞의 고난 해소나 일의 성취가 아니라, 도를 통하여 열반의 경지를 이루는 것이 불교 공부이다. 매달려 갈망하는 기도의 수준을 넘어서서, 불교의 진리와 둘이 아니게 되는 불이不二의 자리로 나아가는 것이 수행이요 불교 공부이다.

그러므로 매달리는 기도에서 멈추어서는 안 된다. 기도를 수행으로, 공부로 진전시켜야 한다. 눈앞의 목표가 실현되었다고 하여 염불·독경 등을 통한 기도를 그쳐 버리면 공부로 나아가지 못한다.

눈앞의 목표가 성취되었으면, 부처님께 은혜를 갚는 마음으로 '성불하겠다'는 큰 원을 발하여 계속 염불·독경·주력 등을 닦아가야 한다.

이렇게 되면 그때부터는 매달리는 기도가 아니다. 스스로가 길을 찾아 닦는 수행이다. 이렇게 기도하던 마음을 더욱 모아 수행에 임하면, 기도할 때 이미 익힌 일념의 힘이 밑거름이 되어 보다 빨리 도통의 길로 나아갈 수 있게 되는 것이다.

그리고 우리가 공부를 쉽게 하려면 익힌 인연을 따르는 것이 좋다. 우리의 삶과 마찬가지로 공부에 있어서도 전생의 인연을 무시할 수가 없다. 전생에 염불을 익힌 사람은 염불을 하는 것이 좋고, 주력을 한 사람이라면 주력을, 참선을 한 사람이라면 참선을 하는 것이 좋다. 이미 익혀왔기 때문에 쉽게 이룰 수 있는 것이다. 그런데 문제는 '그것을 어떻게 아느냐'하는 것이다.

만약 도통한 선지식이 옆에 있다면 인연 있는 공부를 금방 일러줄 것이다. 그러나 그러한 분이 주위에 없더라도 공부할 마음을 갖다 보면 그 공부 방법이 저절로 찾아든다. 유난히 염불을 하고 싶거나 참선 쪽으로 자꾸만 마음이 쏠리게 되는데, 이것이 전생인연 때문인 것이다.

그러한 때는 내 마음이 가는 쪽으로 공부 방법을 택하여 꾸준히 나아가야 한다. 꼭 화두참선이 아니라도 좋다. 먹기 싫고 억지로 먹어 배탈이 나는 공부가 아니라, 즐겁고 맛있게 먹을 수 있는 공부를 하여야 한다.

전생에 염불을 익힌 사람이 금생에 딴 공부를 하면 맛있게 먹지도 못하고 잘 소화시킬 수도 없다. 반대로 전생인연 따라 잘 소화시킬 수 있는 공부를 하면 쉽게 일념―念을 이룰 수 있고 빨리 공부를 성취시킬 수 있는 것이다.

부디 명심하라. 깨달음의 길은 한 가지가 아니다. 참선·관법·염불·주력·독경·사경·참회·보살행·팔정도의 실천 등, 부처님께서 제시하신 깨달음의 길은 다양하다. 그러므로 이 여러 길 중에서 전생부터 익혀 자신과 인연이 깊은 한 가지를 택하여 꾸준히 공부해 나가야 한다.

물론 마음이 쏠리고 인연이 있는 듯이 느껴지는 공부

가 도무지 없는 이도 있을 것이다. 그러한 이는 현생의 삶 속에서 다가오는 공부 인연을 잘 숙고하여 선택하면 된다.

곧 감명 깊게 읽은 한 권의 경전이나 책에 의지하여 수행 방법을 정하거나, 기도의 방법으로 선택하였던 염불·주력·독경·사경·참회 등을 수행으로, 공부로 연장시키는 것도 참으로 좋은 방법이다.

지금 우리가 주제로 삼고 있는 것은 화두참선법이지만, 이것만이 궁극의 공부 방법은 아니다. 불교의 여러 공부 방법 중에서 하나를 택하여 꾸준히 나아가는 것! 그리하여 마침내 일념을 이루는 것! 이것이 불교 수행과 공부의 요체라는 것을 꼭 기억하시기 청하면서, 다시 원래의 주제인 화두참선법으로 넘어가자.

화두, 누구에게 어떻게 받나?

참선공부는 내 마음을 내가 다스리겠다는 결심, '나'의 본래면목을 깨달아 견성성불見性成佛 하겠다는 발심이 된 사람이라야 제대로 할 수가 있다. 그리고 화두는 이러한 발심이 되었을 때 도가 높은 선지식을 찾아가서 받는 것이 원칙이다.

선지식은 수행자가 참선을 할 확고한 마음가짐과 기틀을 갖추었는지를 살펴본 다음, 그에게 적절한 화두를 제시한다.

특히 도가 깊은 선지식은 수행자와 가장 인연이 깊은 화두를 던져 단번에 의심의 고리를 걸어주기 때문에, 도가 깊은 선지식을 만나면 큰 의심 속에서 참으로 갈등 없이 오도悟道의 경지로 나아갈 수가 있다. 이에 대해 도인 수월水月(1855~1928) 스님은 다음과 같이 말씀하셨다.

"옛날에는 누가 와서 화두참선법을 물으면 꼭 도를 통한 스님만이 참선법을 가르쳐 주었는데, 그 스님은 상대를 관찰부터 해.
'저 사람이 지난 생에 참선하던 습관이 있어서 이 생에도 저렇게 참선을 하려고 하는구나. 저 사람이 전생에 공부했던 화두는 무엇이었을까?'
'옳다, 이 화두였구나'

이렇게 인연 있는 화두를 바로 찾아주시거든. 그러니 그 화두를 받은 사람은 지난 생부터 공부하던 화두니까 잘 안 하고 배길 수 있나? 꼭 공부하던 화두를 일러주니까 틀림없이 공부를 이루고 도를 통하는 거야. 자신만만하니까 도를 통하는 거야."

전생에 이어서 현생에서도 같은 화두로 공부를 할 수 있게끔 지도하는 도통한 선지식! 참선을 하고자 하는 이라면 이러한 도인스님을 찾아가서 화두를 받는 것이 가장 이상적이다. 그러한 분을 찾으면 도 닦기가 힘들지 않다. 이미 익힌 화두로 정진을 하기 때문에 깨달음을 그만큼 쉽게 이룰 수가 있는 것이다.

그런데 확철대오廓徹大悟하고 도통하신 스님은 어디에 계시는가? 지금은 실로 도통한 스님을 찾기가 어렵다. 그래서 꼭 맞는 화두를 받기도 힘이 든다. 현재 우리나라에서는 의심의 갈고리가 꽉 걸리는 화두, 각 개인별로 가장 적합한 화두를 주는 선지식은 참으로 찾아보기 힘이 든다.

그럼 어떻게 하고 있는가? 선지식 자신이 참구하는

화두를 주거나, '이 무엇고·무 자·마삼근' 화두 등, 많은 도인을 배출한 두세 가지 화두를 정해놓고 그중에서 하나를 간택해 준다.

그리고 때로는 이미 다른 화두를 받은 이에게까지 자신이 즐겨주는 화두를 들라고 일러 주기도 한다. 특히 재가불자들이 단체로 화두를 타러 오면 일률적으로 수십 명 모두에게 한 가지 화두를 주어서, 모두가 그 화두를 들게 한다.

이것이 오늘날 참선 공부를 하는 이들의 현실이요, 이 시대 불자들의 슬픔이다.

그렇다고 하여 도인 핑계만 대고 화두선을 팽개칠 것인가? 물론 아니다. 참선에 마음이 가고 화두를 받아 단번에 생사를 벗어나는 공부를 하고 싶으면 이 공부를 놓지 말아야 한다.

우리에게는 분명 화두를 간택할 수 있는 지침이 있다. 도인 부재 시대, 제대로 화두를 받을 수 없는 시대의 공부인들을 위해, 의심이 생기는 화두를 택하여 정진하게끔 배려를 해 놓았다. 그것이 무엇인가?

1천7백 가지 화두 중에서 48가지만을 제시한 『무문관無門關』, 1백 가지 화두를 깊이 있게 다룬 『벽암록碧巖錄』, 대혜스님께서 가려 뽑고 또 뽑은 '무 자' 등의 여섯 가지 화두(P. 68 참조), 그리고 '이 몸을 끌고 다니는 주인공이 무엇인가?', '지금 이 자리의 본래 면목이 무엇인가?' 등을 의심하고 찾는 '이 무엇고' 화두가 바로 그것이다.

그리고 현재 이 땅의 선지식들이 전생의 공부 인연까지는 관찰하지 못할지라도, 화두선의 전통에 따라 바른 화두를 줄 수 있는 안목은 갖추고 있다. 이 지구상에서 그나마 화두선의 맥이 가장 잘 이어지고 있는 곳이 우리나라요, 참선정진을 가장 잘하고 있는 나라가 대한민국이다.

따라서 우리나라 선방의 선원장급 스님들은 초심자들을 능히 지도하고도 남음이 있다. 그러므로 그분들을 찾아가서 화두를 받고, 화두 드는 법에 대한 지도를 받으면 된다.

부디 '나'에게 맞는 화두를 택하여 집중하고 정진하기를 축원드린다.

화두, 바꾸어도 되는가?

함부로 화두를 바꾸지 말라

참선을 하는 이가 일단 한 가지 화두를 받거나 신중하게 택하였으면, 그 화두를 바꾸지 말고 꾸준히 계속해야 한다. 다른 사람이 '저 화두가 좋다'하고, '이 화두를 통해서 누가 도를 통했다'고 할지라도, 처음 받은 화두를 함부로 바꾸어서는 안 된다.

옛날 도통한 사람들은 화두 공부가 잘되지 않더라도 다른 화두로 바꾸지 않았다.

"내가 모자라서 화두 공부가 잘되지 않는 것이다. 열심히 열심히만 정진하면 꼭 성취할 수 있다."

이러한 생각으로 공부를 몰아붙여서, 오로지 한 화두로만 애쓰다가 도를 통하였던 것이다.

그런데 요즘 사람들은 그게 아니다. 조금 하다가 안 되면 그만 팽개쳐 버린다. 그러니 어떻게 화두 타파가 이루어질 수 있겠는가?

모름지기 화두를 바꾸지 않고 한 가지 화두로써 꾸준히 정진해 가는 것! 이것은 참으로 중요하다.

번뇌 망상과 졸음이 자주 찾아올지라도 한 가지 화두를 생명줄로 삼고 하루에 30분, 1시간씩 꾸준히, 열심히 정진하다 보면, 어느 날 문득 의식하지 않더라도 화두가 저절로 생생하게 들리는 경지에 이르게 되고, 화두가 저절로 생생하게 들리면 깨달음이 멀지가 않은 것이다.

그런데 많은 불자들은 한 화두를 들고 조금 정진을 하다가, 얼마 지나지 않아 그 화두에 대해 갈등을 일으킨다. 그리고는 '이 화두와 인연이 없는가 보다'고 하면서 다른 화두에 관심을 갖는다.

또 안 되면 다시 다른 화두로 옮겨가고…. 그러다가 마침내 화두참선법을 내팽개쳐 버린다.

이는 마치 쌀뒤주를 뚫으려는 쥐가 여기저기를 갉는

것과 다를 바가 없다. 여기 조금 갉다가 저기 조금 갉아서야 언제 뒤주에 구멍이 생기겠는가?

또 설악산 대청봉을 오르는데 이 길로 조금 올라가다가 내려온 다음 다시 저 길을 택하여 올라가는 것을 되풀이하면 대청봉이 요원해지는 것과 같아서, 무수한 생을 닦을지라도 도를 깨칠 수가 없는 것이다.

잘 생각을 해보라. 현생에서 공부가 잘되지 않는 것은 지난 생에서 많이 익히지 않았기 때문이다. 주인공을 찾는 공부가 아니라 번뇌망상과 세상의 흐름 따라 살아왔기 때문에, 참선 공부를 하고 있으면 번뇌가 치성하고 엉뚱한 데로 몸과 마음이 달아나는 것이다.

그러므로 공부가 잘되지 않는 것은 당연지사이다. 오히려 잘되는 것이 이상하다.

그렇다고 지금 공부를 놓아버리면 어떻게 되는가? 또다시 세차게 돌아가는 윤회의 수레바퀴 속으로 빠져들게 된다. 지금 윤회의 수레바퀴를 멈추는 이 공부를 하지 않으면 다음 생에는 더욱 힘들어진다.

그런데도 우리 중생은 '내가 잘 못하고 잘 안되는 것'은 하지 않으려고 한다. 왜? '나에게 맞고 나에게 좋은 것'만을 고집하기 때문에, 내 마음대로 쉽게 되지 않는 공부를 내팽개쳐 버리는 것이다.

하지만 잘되지 않더라도 지금 하지 않으면 안 된다. 이 자리에서 마음을 다잡고 공부해야 한다. '나는 채찍의 그림자만 보아도 달리는 준마가 아니라, 채찍의 아픔이 몸속 깊이까지 스며야 달리는 둔마'라고 생각하면서 정진을 해야 한다.

아울러 화두를 주신 선지식을 자주 찾아뵙고, 화두선을 하는 과정에서 생겨난 의문점들을 여쭈어 보고 잘못된 점을 지도받아야 한다. 아무리 사소한 것이라 할지라도 마음에 걸리는 것은 꼭 여쭈어 답을 구하면서, 격려도 받고 꾸중도 들어야 한다. 이 격려와 꾸중이야말로 정진의 진정한 감로수인 것이다.

화두를 바꾸어도 좋은 경우

그럼 절대로 화두를 바꾸어서는 안 되는가? 아니다. 두 가지 경우에는 화두를 바꾸어도 좋다. 그 둘이 무엇인가?

첫째는 도가 높은 선지식이 참선 공부를 점검한 다음에 화두를 바꾸어 줄 때이다. 유명한 만공滿空(1871~1946) 스님을 예로 들겠다.

❁

스님의 나이 23세 때, 천장사로 온 10대 후반의 청년으로부터 질문을 받았다.

"누군가가 '만법이 하나로 돌아가니 그 하나는 어디로 돌아가는가[萬法歸一 一歸何處]'를 알면 만사에 막히는 것이 없다고 하던데, 이것이 도대체 무슨 뜻입니까?"

만공스님은 답을 할 수가 없었고, 며칠 밤을 새우며 궁리를 해보았지만 알 길이 없었다.

그날부터 스님은 '만법귀일 일귀하처'를 화두를 들고 2년 동안 용맹정진을 하였는데, 화두를 들고 동쪽벽에 기대어서 서쪽벽을 바라보는 순간, 홀연히 모든 것이 공空한 상태가 되었다. 그때가 1895년 7월 25일이었다.

그날 밤 화두삼매에 들어 밤을 새운 스님은 새벽 종소리를 듣는 순간 이 화두의 의문을 완전히 타파하고 오도송悟道頌을 지었다.

그러나 1년 뒤에 만난 스승 경허선사는 만공의 깨달음을 점검한 다음에 단호히 말씀하셨다.

"확철대오 하려면 멀었다. '만법귀일 일귀하처' 화두로는 더 진보가 없을 터이니, 조주의 '무자無字' 화두를 참구하도록 해라."

그 뒤 만공스님은 5년 동안 무자 화두를 참구하다가, 통도사 백운암에서 빗줄기 속으로 울려 퍼지는 종소리를 듣는 순간 확철대오 하였다.

❀

다시 만공스님의 사형인 혜월慧月 스님의 법을 이은 금봉錦峰(?~1959) 스님의 이야기를 하겠다.

금봉스님은 나이 25세 때 해인사 선방으로 가서 조실이신 제산스님으로부터 '부모미생전 본래면목父母未生前 本來面目'이라는 화두를 받았다. '부모가 이 몸을 만들어 주기 전의 본래면목이 무엇인가?'를 참구하는 것이었다.

그러나 금봉스님에게는 이 화두가 생생하게 들리지를 않았다. 의문의 갈고리가 꽉 걸리지 않고 엉거주춤한 상태였다.

금봉스님은 한 달 반 동안 매일 조실스님 방으로 찾아가서 공부가 잘될 수 있는 방편을 구하였고, 제산스님은 더 이상 일러줄 것이 없다고 하면서 말하였다.

"내가 소개장을 써줄 테니, 파계사 성전에 계신 혜월스님께로 가거라."

혜월스님을 찾아간 금봉스님이 지도를 해 줄 것을 청하자, 혜월스님이 즉시에 질문을 던졌다.

"부모미생전의 면목은 고사하고, 자네의 현전면목現前面目은 무엇인가?"

'현전면목'이라는 말에 금봉스님은 숨이 꽉 막히고 눈앞이 아찔해지면서 하늘이 쪼개어지는 듯했다. 그날부터 금봉스님은 7일 동안 용맹정진하였고, 7일 만에 '현전면목' 화두를 타파하였다.

ξ

만공스님과 금봉스님의 경우처럼 눈 밝은 스승이 공부를 점검하고 새로운 화두를 줄 때는 마땅히 바꾸어야 한다. 이것이야말로 대향상의 기연機緣이 되기 때문이다.

두 번째는 뚜렷한 계기가 다가와서 화두를 바꾸는

경우인데, 이에 대해서는 나의 이야기를 하겠다.

❀

18세의 나는 송광사 삼일암선원의 첫 안거 때 효봉 스님으로부터 '건시궐乾屎厥' 화두를 받았다.

어떤 스님이 운문선사께 여쭈었다.

"어떤 것이 부처입니까?"

"마른 똥 막대기니라〔乾屎厥〕."

그러나 나는 '부처가 마른 똥 막대기'라는 이 화두에 대해 그다지 의심이 일어나지 않았다. 더욱이 1년의 선 방생활 이후에 강원으로 들어가서 경을 보고 동료 학 승들과 어울리다 보니, 건시궐 화두는 차츰 멀어져만 갔다. 참선공부에 대한 생각이 없지는 않았지만 제대로 할 수가 없었던 것이다.

그러다가 6·25 전쟁 중인 23세 때, 전주 법성원에 숨 어 지내면서 '석가모니불' 정근을 했다. 그런데 어느 날 문득 '영산회상 염화시중 시아본사 서가모니불靈山會上 拈花示衆 是我本師 釋迦牟尼佛'이라는 말이 저절로 흘러 나오는 것이었다.

'영산회상에서 대중에게 꽃을 들어 보이신 근본 스승

석가모니불! 그렇다. 부처님께서 꽃을 들어 보이신 이것을 옛 조사들은 선종제일공안禪宗第一公案이라 하지 않았던가. 바로 이것이다! 부처님께서 꽃을 들어 보이신 까닭을 나의 화두로 삼자.'

나는 그 순간부터 이 염화시중 화두를 들었다.

'세존께서는 어째서 한 송이 꽃을 드셨는고?'

'어째서 꽃을 드셨는고?'

'어째서 꽃을?'

'어째서?'

화두가 탁 잡혀 집중이 잘 되었으므로, 건시궐 화두를 버리고 세존염화世尊拈花 화두를 들었다.

그러나 큰스님께 받은 화두를 버리고 스스로가 택한 화두를 참구한다는 데 대한 미심쩍음은 늘 마음 한편에 남아 있었다. 그러다가 3년이 지난 뒤에 범어사 조실이신 동산東山 스님을 뵈었을 때, 화두를 바꾸게 된 경위를 말씀드리고 조심스럽게 여쭈었다.

"스님, 제가 택한 이 화두를 해도 되는지요?"

동산스님은 환하게 미소를 지으시더니 나의 등을 토닥이며 말씀하셨다.

"참으로 너는 전생의 선근이 두터운 사람이다. 그렇지

않으면 그와 같은 화두가 잡히지 않는 법이다. 세존염화! 그 이상의 화두가 어디에 있느냐? 최고 가는 화두요 부처님께서 주신 화두다. 다시는 변경하지 말고 부처님께서 꽃을 드신 까닭만 깨쳐라."

명백히 결단을 지어주신 동산스님의 말씀에 용기백배한 나는, 태백산 도솔암으로 들어가서 6년 결사를 하며 이 화두로 한 경지를 이룰 수가 있었다.

ॐ

이렇듯 의심의 고리가 꽉 걸리는 화두가 스스로 찾아와서 갈등 없는 자리를 차지하게 되면 이전의 화두를 버려도 된다. 그리고 새 화두를 잡고 용맹스레 정진하면 된다.

단, 나의 경우처럼 눈 밝은 스승을 찾아가서 한 차례의 점검을 받는 것이 좋다. 점검을 받으면 확고히 나아갈 수 있기 때문이다.

당부드리건대, 이상의 두 경우가 아니면 화두를 함부로 바꾸지 말고 여태까지 해 온 화두를 그대로 밀고 나가기 바란다.

특히 자기 꾀에 빠져 화두를 바꾸어서는 안 된다. 꾀

는 '나'의 힘이 약하고 흔들릴 때 생겨나는 것이다. 그러므로 꾀를 따라가지 말고, 지금의 화두를 그대로 밀어붙여야 한다.

참으로 사람의 몸을 받기가 어렵고, 천상천하에 그 광명이 넘쳐나는 불법을 만나기란 더 어렵다. 사람 몸을 받았을 때 불법을 만나지 못하고 참 나를 깨닫지 못한다면 이보다 더 큰 불행이 어디 있겠는가?

'나는 너를 못 건져준다. 네가 너를 건져야 한다'고 부처님께서는 분명히 말씀하셨다. 그러니 참된 공부를 버리고 공부인연까지 버린 채 죽어보아라. 어느 날에 다시 이 몸을 기약할 수 있을 것 같은가?

부디 화두를 잘 택하고 흔들림 없이 정진하여 참된 주인공을 회복하시기를 축원드린다.

화두, 크게 믿어라

참선에는 모름지기 세 가지 요긴한 것을 갖추어야 한다. 첫째는 대신근(大信根)이 있어야 하고, 둘째는 대분지(大憤志)가 있어야 하며, 셋째는 대의정(大疑情)이 있어야 한다. 만약 이 가운데 하나라도 빠지면 다리가 부러진 솥과 같아서 마침내 쓸모없이 되고 만다.

參禪(참선) 須具三要(수구삼요) 一有大信根(일유대신근) 二有大憤志(이유대분지) 三有大疑情(삼유대의정) 苟關其(구관기) 一(일) 如折足之鼎(여절족지정) 終成廢器(종성폐기)

－『선가귀감』

솥은 발이 세 개일 때 가장 안정되게 서 있다. 솥의 발이 네 개나 다섯 개일 때는 오히려 쿨렁거림이 있지만, 세 개일 때는 조그마한 흔들림도 없이 굳건히 잘 서 있다.

이 솥의 경우처럼, 참선을 하는 이도 세 발을 함께

갖추면 가장 안정되고 흔들림 없이 오도悟道의 경지로 나아갈 수가 있다.

그 셋이 무엇인가? 서산대사의 『선가귀감』 말씀처럼, 대신근大信根과 대분지大憤志와 대의정大疑情이 그것이다.

이 셋 가운데 대의정은 화두에 대해 큰 의심을 일으키는 것으로, 화두를 들고 참선하는 간화선看話禪을 닦는 경우에만 특별히 강조되는 것이다.

'크게 의심하는 자, 크게 깨닫는다〔大疑者必有大悟〕'는 옛말처럼, 화두선의 진정한 생명줄은 큰 의심이다. 이 대의정에 대해서는 앞에서 여러 차례 일관되게 강조하였으므로 여기에서는 생략하고, 솥의 나머지 두 발에 해당하는 대신근과 대분지에 대해 상세히 살펴보고자 한다.

대신근大信根! 간화선을 닦는 이들은 누구와 무엇에 대한 대신근을 갖추어야 하는가?

첫째는 화두에 대한 대신근이다.

화두를 타파하면 틀림없이 견성성불見性成佛을 할 수 있다는 견고한 믿음이 있어야 한다.

그 믿음은 마치 수미산과 같아야 한다. 우주의 중심

축이 되고 있는 수미산과 같은 굳건한 믿음을 내가 참구하는 화두에 부여하게 되면 어떠한 갈등도 생겨날 까닭이 없다. 자연 이러한 대신근으로 화두를 들면 도를 깨닫지 못할 까닭이 없다.

그러나 많은 이들이 '도를 깨닫는다'는 욕심만 앞세울 뿐, 내가 현재 들고 있는 화두가 틀림없이 나의 도를 깨닫게 한다는 확고한 믿음을 가지고 있는 이는 드물다.

이러한 믿음이 부족하기 때문에 현재 참구하는 화두가 잘 들리지 않게 되면 다른 화두에 관심을 갖게 된다. 하지만 새 화두를 든다고 하여 집중이 잘 되겠는가?

믿음의 뿌리, 신근信根이 없으니 또다시 흔들리게 되고, 마침내는 '참선과 인연이 없는가 보다'고 하면서 자포자기해 버린다.

따라서 참선을 하는 이는 '내가 들고 있는 화두가 중심축이요 해탈의 생명줄'이라는 믿음으로 임하여야 한다. '나도 화두를 타파하여 깨달을 수 있을까?' 하는 반신반의가 아니라, '틀림없이 화두를 타파하여 확철대오할 수 있다'는 확신을 가져야 하는 것이다.

둘째는 조사祖師와 스승에 대한 확고한 믿음이 있어야 한다.

조사나 스승에 대한 대신근이 있으면 참으로 갈등 없이 오도悟道의 경지로 나아갈 수 있다. 이와 관련된 한 편의 이야기부터 살펴보자.

❀

통일신라시대 말기, 비단 장사를 하던 청년이 오대산 동대 밑의 관음암觀音庵으로 동방대보살東方大菩薩로 추앙받았던 무염無染(801~888) 스님을 찾아가서 간청을 하였다.

"저도 수행을 하여 스님과 같은 사람이 되고 싶습니다. 부디 제자로 거두어 주십시오."

스님은 그의 출가를 허락하기 전에, 부엌에 큰 가마솥을 거는 일부터 시켰다. 청년은 흙과 짚을 섞어서 이긴 다음에 부뚜막을 만들고 솥을 걸었다. 하루가 족히 걸려서 일이 겨우 마감되었을 무렵, 기척도 없이 불쑥 나타난 스님이 호통을 쳤다.

"이놈, 이것을 솥이라고 걸어 놓은 거냐? 한쪽으로 틀어졌으니 다시 걸도록 해라."

스님은 짚고 있던 석장으로 솥을 밀어 내려 앉혀 버렸다. 스스로가 판단하기에는 조금도 틀어진 곳이 없었지만, 청년은 스님의 분부에 따라 불평 한마디 없이 새로 솥을 걸었다. 하지만 스님은 또 솥을 밀어 내려 앉혀 버렸다.

그렇게 솥을 걸고 허물고 다시 걸기를 아홉 번! 드디어 스님은 청년의 구도심求道心을 인정하고 출가를 허락하였으며, 솥을 아홉 번 고쳐 걸었다는 뜻에서 '구정九鼎'이라는 법명을 주었다.

어느 날 구정은 무염스님께 여쭈었다.

"무엇이 부처입니까?"

"즉심즉불卽心卽佛이니라."

글을 알지 못하였던 구정스님이었는지라, '마음이 곧 부처'라는 뜻의 즉심즉불을 '짚신즉불'이라는 말로 알아듣고 말았다.

"짚신이 불? 짚신이 부처라고?"

뭔가 이상하게는 느껴졌지만, 스승을 지극히 존경하고 있었기에 그 말을 무조건 받아들였다.

"우리 스님은 부처님과 같은 분이신데 허튼 말을 할리가 없다. 부처를 물었는데 어째서 짚신이라고 답하셨는고? 짚신이 어째서 부처인고? 어째서…?"

그날부터는 구정은 자기 짚신을 머리에 이고 다니면서, 가나오나 앉으나 서나 '이 짚신이 어째서 부처인고?' 하는 생각을 놓아버리지 않았다.

그러던 어느 날 산에 올라가서 나무를 한 다음에 짚신을 두 손으로 움켜쥐고 중얼거렸다.

"짚신아, 어째서 네가 부처냐? 짚신아, 네가 어째서 부처냐?…"

그러다가 깊은 삼매三昧에 빠져들었다. 시간 가는 것도 모르고 앉았는지 서 있는지도 모르고…. 그야말로 '산도 산이 아니요 물도 물이 아닌' 삼매 속에서 사뭇 '짚신아, 네가 어째서 부처냐?'를 염하다가, 홀연히 짚신의 끈이 '뚝' 끊어지는 순간 확철대오廓徹大悟하였다.

❧

오늘날까지 '구정조사'로 높이 추앙받고 있는 이 스님은 스승에 대한 존경심과 신심이 남달랐다. 그랬기에 아홉 차례나 한마디의 불평 없이 솥을 고쳐 걸었고, '짚신이 불'이라고 잘못 알아들었지만 스승에 대한 깊은 믿음 때문에 일말의 갈등도 없이 '어째서 짚신이 부처인가?'를 묻고 또 되물었던 것이다.

만약 스승에 대한 확고한 믿음이 없었다면 잘못 알아들은 '짚신이 부처'라는 말이 절대로 확철대오하게 만드는 화두가 될 수 없었을 것이다.

그러나 존경하는 스승에 대한 절대적인 신근信根이 있었던 구정스님께서는 잘못 알아들은 '짚신즉불'이 오히려 활구活口의 화두가 되었다.

'우리 스님은 부처님 같은 분인데 절대로 허튼 말을 했을 리 없다'는 철두철미한 믿음이 '짚신즉불'을 의심덩어리로 바꾸어 놓았던 것이다.

우리는 이것을 한 편의 옛이야기로 흘려버려서는 안 된다. 확고한 믿음이 간절한 의심을 불러일으킨다는 것! 그리하여 마침내 의심덩어리뿐인 깊은 삼매에 들면 확철대오하게 된다는 것을 잊지 말아야 한다.

특히 우리가 참구하는 화두를 최초로 던졌던 육조혜능·조주선사·운문선사 등은 그야말로 선종의 대선지식들이었다. 어찌 그분들을 믿지 않을 것인가? 그렇다. 믿어도 크게 믿어야 한다.

'그분들께서는 결코 헛된 말을 하실 분이 아니다.

그렇게 말씀하신 데는 틀림없이 깊은 뜻이 숨어 있을 것이다. 그 까닭을 분명히 알아서 그분과 같은 확철대오의 경지에 이르리라.'

주위에 마땅한 선지식이 없다고 할지라도, 그 화두를 최초로 던졌던 대선지식에 대한 확고한 신심이라도 있으면, 화두에 몰입하여 들어가기가 보다 용이해질 수가 있다.

부디 간직하라. '나도 화두를 타파하여 확철대오할 수 있다'는 자신감을! 조사祖師를 깊이 믿고 선지식을 흔들림 없이 존중하는 자세를!

이 자신감과 존중의 자세가 바로 간화선의 대신근大信根이요 깨달음의 첩경이라는 것을 꼭 명심하기 바란다.

분발하여 정진하자

솔의 세 발처럼, 참선수행을 하는 이가 큰 의심, 큰 믿음과 함께 갖추어야 할 것은 대분지大賁志, 곧 대분발심大賁發心을 일으키는 것이다.

어떠한 분발심을 일으키라는 것인가? 불자들이 즐겨 독송하는 『자경문自警文』의 끝 단락에는 다음과 같은 구절이 있다.

"그대는 보지 못했는가? 역대의 모든 부처님과 조사들이 옛날에는 우리와 같은 범부였음을! 저도 장부丈夫요 너도 장부! 다만 하지 않아서 그런 것일 뿐, 할 능력이 없는 것은 아니다."

이것이 분발심의 골격인데, 조금 더 자세히 풀어보면

다음과 같다.

불자들아, 지난 세상에 이미 도를 이룬 분들을 살펴보아라. 그분들 모두가 우리와 다를 바가 없는 범부였다.

석가모니불이 원래 부처였더냐? 역대의 조사스님이 원래 도인이었더냐? 아니다. 그분들도 이전에는 범부였다. 업에 휩싸여서 멍텅구리 바보처럼 지낸 때도 있고, 세상 명리에 사무쳐서 허덕인 때도 있었다.

우리와 다른 점이 있다면, 어느 날 홀연히 제행무상諸行無常을 절감하고 부처를 이루겠다는 위없는 발심 곧, 무상발심無上發心을 일으켜서 용맹정진을 하였다는 것이다. 그리하여 마침내 무상대도無上大道를 성취하셨다.

생각을 해보라. 그분들만 대장부요 우리는 졸장부인가? 아니다. 우리도 틀림없이 불성佛性을 지닌 대장부이다. 그러므로 대장부답게 용기를 발하여 포기를 하거나 물러서지 않아야 한다.

우리도 분명 불성을 지닌 존재! 어찌 부처가 될 수 있는 능력이 없으랴? 하면 된다. 참선 등의 공부를 하면 틀림없이 부처가 될 수 있다.

부디 불성을 발현시키는 참선공부를 하자. 부지런
히 하면 틀림없이 우리도 부처가 될 수 있다. 틀림없이!

참선공부를 하는 이는 이러한 대분발심을 거듭거듭
불러일으켜야 한다. 그리하여 결단코 화두의 해답을 얻
어야 한다. 사람의 몸을 받은 바로 이 생에서⋯.

다행히 우리는 지금 사람의 몸을 받았다. 생각하는
동물, 만물의 영장으로 태어난 것이다. 이때를 결코 놓
쳐서는 안 된다.

사람의 몸을 받아 태어나는 것은 눈먼 거북이가 구
멍 뚫린 나무를 만나는 것처럼 어려운 일이라 하셨다.

천년에 한 번씩 바다 위로 올라와서 바람을 쐬는 눈
먼 거북이. 그렇지만 눈이 멀어 몇 번 허우적거리다가
걸리는 것이 없으면 도로 물속으로 들어갈 수밖에 없
다. 그런데 마침 가운데에 구멍이 뻥 뚫린 나무토막 하
나가 파도를 타고 떠내려와서 거북의 목에 걸리게 되면,
거북은 얼마 동안 편안하게 휴식을 취한다는 것이다.

이 얼마나 희귀한 일인가? 이처럼 사람으로 태어나기
가 어려운 일이요, 부처님의 법을 만나기는 더욱 어려운

일이다. 다행히 우리는 지금 부처님법까지 만났으니, 어찌 이러한 때에 닦지 않을 것인가?

인생은 결코 긴 것이 아니다. 빈둥빈둥, 대충대충 사는 인생을 무상살귀無常殺鬼인 죽음은 용납을 하지 않는다. 죽음의 공포가 눈앞에 다가오면 그 어떠한 것도 힘이 되지 못한다. 내가 지은 업만이 나를 따를 뿐이요, 힘써 닦은 도만이 나를 구원한다.

무상無常을 절감하고 무상발심無上發心을 하라. 그리고 분발심을 일으켜서 닦으면 반드시 무상대도無上大道를 성취할 수 있다.

❀

근대 우리나라 선종의 중흥조로 추앙받고 있는 경허鏡虛(1849~1912) 선사는 14세에 출가하여 동학사 만화대강사萬化大講師 밑에서 경전을 공부하였고, 23세의 나이에 동학사 강원의 강사로 추대되었다.

경허스님은 모든 학인들의 존경을 받으면서 8년 동안 편안히 지내다가, 문득 은사이신 계허桂虛 스님이 그리워져 길을 떠났다.

그런데 어느 마을에 접어들었을 때 날이 어두워지기

시작했고, 갑자기 폭우까지 몰아치는 것이었다. 스님은 인가를 찾아 문을 두드렸다.

"갑자기 비를 만나서 그럽니다. 하룻밤 유할 수 없겠습니까?"

"아니 되오."

주인은 박절하게 거절하고 문을 꽝 닫았다. 또 다른 집의 대문을 두드렸으나 문도 열어주지 않고 퉁명스럽게 거절하였고, 세 번째 집에서는 노인 한 분이 나와 점잖게 타일렀다.

"스님, 이 마을에서 묵을 생각은 아예 마시오. 악성 돌림병이 유행하고 있다오. 그 병에 걸린 사람은 영락없이 죽으니 어서 빨리 떠나시오."

그때 반대편 집에서 장정이 송장을 업고 나오는 것이 보였다. 순간 경허스님은 온몸에 소름이 돋고 머리가 쭈뼛 서는 것을 느꼈다. 동시에, 이제까지는 꿈에서조차 생각하지 않았던 죽음의 환상이 눈앞을 스치고 지나가는 것이었다.

스님은 얼른 마을을 벗어났지만, 억수같이 쏟아지는 비 때문에 멀리 갈 수는 없어, 마을에서 조금 떨어진 정자나무 아래에 서서 그 마을을 돌아보았다. 그곳은 죽음의 성이었고, 금방이라도 유령이 튀어나와 덮칠 것만 같이 느껴졌다.

스님은 하룻밤 내내 정자나무 아래에 서서 죽음의 공포와 싸우면서, 가사 장삼을 걸치고 부처님 전에 예배드릴 때의 거룩함도, 학인들을 가르칠 때의 위엄도 모두 헛것에 불과했음을 깨달았다.

'생사일대사生死一大事. 이것을 해결하지 못하면 아무것도 아니다. 무상無常하기 그지없는 이 생사를 넘어서는 공부를 해야 한다. 공부를!'

날이 밝자 동학사로 되돌아온 스님은 학인들을 모은 다음 강원의 해산을 선포하였다.

"여러분은 나에게서 무엇을 배우려 하지 마시오. 나의 가르침은 살아 있는 가르침이 아니오. 이제부터 나는 나의 문제와 목숨을 건 대결을 하고자 하오."

그날부터 스님은 문을 걸어 잠그고 뼈를 깎는 참선 정진을 시작했다. 턱 밑에 뾰족한 송곳을 세워 졸지 못하도록 하였고, 망상이 판을 치면 바늘로 허벅지를 찌르면서 화두를 새겼다.

그렇게 치열한 용맹정진을 시작한 지 불과 석 달, 경허스님은 1880년 11월에 생사일대사를 해결하고 확철대오하였다.

ℰ

이 경허스님처럼 죽음을 생각해 보라. 인생의 무상함을 생각해 보라. 대분발심이 샘솟지 않을 수가 없다.

금생을 놓치면 도를 닦을 기회는 쉽게 돌아오지 않는다. 도를 닦지 못하고 헛되이 죽으면 다시 사람의 몸을 받더라도 도를 닦을 인연이 주어지지 않는다.

지금이 가장 좋은 기회이다. 지금 제행무상을 깨닫고 분발심을 일으켜야 한다. 지금 이 자리에서 부처님의 법에 의지하여 부지런히 닦아가야 한다. 자세가 흩어지면 처음 발심하였을 때의 마음으로 돌아가서 새롭게 시작하여야 한다.

매일매일 분발하고 매일매일을 시작하는 자세로 꾸준히 정진해 보라. 틀림없이 생사를 넘어서는 올바른 깨달음을 이룰 수 있고, 뭇 생명 있는 이들을 제도할 수 있는 힘이 생기게 된다.

아무쪼록 화두를 생명줄로 삼고 공부를 해보라. 망상이 일어나거든, "네 이놈, 네놈 말만 듣고 살다가 내 신세가 요 모양 요 꼴이 되었으니 이제 내 말 좀 들어

라. 죽나 사나 한번 해보자" 하면서 도리어 분발심을 내어야 한다.

  '나도 능히 불조佛祖가 될 수 있다'는 대분발심으로 망상과 졸음과 무명無明의 불을 다스리면, 오히려 그 흉악하고 가치 없는 불이 작용하여 우리를 더욱 뛰어난 대장부로 만들어줄 것이니….

結
참선을 하라. 누구나 깨칠 수 있다

참선은 결코 어렵지 않다

참선은 결코 어렵기만 한 것이 아니다. 내가 나를 찾는 것이 참선인데, 내가 나를 찾는 것이 어찌 어렵기만 하겠는가? 신심과 정성으로 참선정진하면, 누구나 '나'를 찾을 수 있고 도를 이룰 수가 있다.

🏵

중국 송나라의 수도 개봉開封에는 허許 씨 성을 가진 노부인이 살고 있었다. 그녀의 법명은 법진法眞으로, 일찍 결혼하여 장태사張太師의 부인이 되었다. 그러나 남편은 그녀의 나이 삼십에 어린 자식 둘을 남겨놓고 저세상 사람이 되었다.

그날 이후, 그녀는 열심히 불교를 믿으면서 두 아들을 지성껏 키웠고, 마침내 큰아들 장소원張昭遠은 자사(刺史, 지금의 도지사)에, 작은아들 장덕원張德遠은 승상丞相의 지위에 올랐다.

어느덧 나이 칠십이 된 그녀는 후원으로 물러나서 남은 여생을 보내고 있었으나, 항상 마음속으로 당대의 큰스님인 대혜大慧(1089~1163) 선사를 친견하여 가르침을 받았으면 하는 원을 품고 있었다. 하지만 수만 리나 떨어져 있는 항주抗州의 경산사徑山寺로 큰스님을 찾아가기란 쉬운 일은 아니었다.

그러던 어느 날, 대혜선사의 제자인 도겸道謙 스님이 집으로 찾아왔고, 노부인은 정중히 법문을 청하였다.

"스님, 저는 대혜큰스님의 법문을 듣기를 소원으로 삼고 살아왔습니다. 하지만 이미 늙은 몸이라 감히 수만 리 먼 곳으로 찾아갈 수가 없네요. 부디 스님께서 대신 법문을 들려주십시오. 대혜스님께서는 우리 같은 늙은 이를 만나면 어떤 법문을 해주십니까?"

"우리 스님께서는 남녀노소를 불문하고 누구에게든지, '마음이 있는 자는 부처가 될 수 있다'는 법문을 들려주시고, 도를 닦아 부처가 되기를 원하는 자에게는 '무자화두無字話頭'를 참구하게 하십니다."

"어떻게 무자화두를 참구하도록 지도하십니까?"

"한 승려가 '개에게 불성이 있는가 없는가'를 물었을 때 조주스님께서는 '무無'라고 하셨습니다. 바로 조주스님께서 답하신 '무'의 참뜻. 이것을 알면 부처가 될 수 있습니다. 곧 '왜 무라고 하셨는가?'를 간절히 의심하여 해답을 얻으면 됩니다. 이 의심을 놓지 말고 앞으로만 사뭇 밀어붙일 뿐, 왼쪽도 보지 말고 오른쪽도 보지 말아야 합니다."

"잘 알겠습니다. 이제 대혜큰스님을 친견한 것이나 다를 바가 없으니 열심히 공부하겠습니다."

그날부터 노부인은 용맹정진에 들어갔다. 오로지 한 생각, '왜 무라고 하셨는가?'를 되묻고 또 되물으면서 하루·이틀·사흘, 마침내 7일 밤낮 동안을 정진하다가, 노부인은 깜빡 잠이 들었다.

그런데 오색이 찬란한 큰 봉황새 한 마리가 집안의 뜰에 내려앉는 것이었다.

'아, 저 새 위에 올라앉으면 참 편안하겠구나.'

생각과 동시에 그녀는 새의 등에 올라 털이 푹신하게 깔려 있는 목덜미 부분에 자리를 잡고 앉았다. 그러자 봉황새는 허공을 향해 날아올랐고, 잠깐 사이에 구만 리 장천에까지 이르렀다.

아래를 내려다보니 집들은 조그마한 점이 되어 오글거리고, 큰 강은 줄을 하나 그어 놓은 것과 같았다.

'조그마한 점과 같은 저 집들 속에서 서로 살겠다고 욕심을 내고 성을 내고 치고받고 곤두박질을 치며 살다니…. 참으로 기가 막힌 노릇이다.'

그녀는 인생살이의 참 면모를 깨달았다. 그리고 봉황새가 날아가는 대로 몸을 맡긴 채 세상의 이곳저곳을 모두 구경한 다음 집으로 돌아왔다. 봉황새는 사뿐히 뜰에 내려앉았고, 순간 그녀는 꿈에서 깨어남과 동시에 '무자화두'를 깨쳤다.

그녀는 기쁨에 못 이겨서 덩실덩실 춤을 추다가 시를 지어 깨달음의 경지를 노래하였다.

꿈속에서 봉황 타고 푸른 하늘 올랐더니
인생이 여관에서 하루를 지냄과 같음을 알았네
돌아올 때 그릇 한단몽의 길인가 하였더니

봄비가 온 뒤에 산새 소리 해맑더라

夢跨飛鸞上碧處   몽고비란상벽처

始知身世一遽廬   시지신세일거려

歸來錯認邯鄲道   귀래착인한단도

山鳥一聲春雨餘   산조일성춘우여

날마다 경전의 글을 보고 있으니

옛적에 알았던 이를 만남과 같구나

자주 걸림이 있다고 말하지 말라

한번 보니 한번 다시 새롭도다

逐日看經文   축일간경문

如逢舊識人   여봉구식인

莫言頻有碍   막언빈유애

一擧一回新   일거일회신

　그 뒤 도겸스님이 다시 그 집을 방문했을 때 노부인
은 이 두 수의 시를 대혜선사께 보여줄 것을 청하였고,
시를 본 대혜선사는 노부인의 깨달음을 인가하는 편지
를 써서 보내주었는데, 현재 그 편지가 대혜스님의 『서
장書狀』속에 「답진국태부인答秦國太夫人」이라는 제목으

로 수록되어 있다.

δ

이 진국태부인처럼, 재가의 불자들도 얼마든지 참선을 하여 도를 깨달을 수 있습니다. 문제는 진심으로 하느냐 하지 않느냐에 달려있을 뿐이다.

간절히 의심하며 화두참선을

이제 두 가지 당부의 말을 덧붙이면서「참선」에 대한 글을 마무리 짓고자 한다.

첫째는 앞에서도 누누이 강조하였듯이, 간화선 수행을 하는 데 있어 가장 중요한 것은 의심이니, 화두에 대해 '간절한 의심'을 하라는 것이다.

하루 종일 참선을 하든 하루에 단 몇십 분만 참선을 하든, 화두에 대한 의심을 놓쳐서는 안 된다.

화두에는 좋은 화두, 나쁜 화두가 따로 없다. 초점은

의심이다. 간절히 의심을 일으켜서 화두를 잡는 것이 최상이다. 의심하고 또 의심할 때 모든 문제는 저절로 사라진다. 의심하고 또 의심하여 삼매에 이르면 저절로 깨달음의 문이 열리게 되는 것이다.

둘째는 꾸준히 하는 것이다. 하루에 30분씩이라도 꾸준히 참선을 하게 되면 마음이 점차 고요해지고 밝아지게 되어, 집중력이 높아지고 판단력이 빨라져서 생활 또한 보다 윤택하게 꾸려갈 수 있게 된다. 곧 참선을 할 때의 집중력이 생활에 그대로 응용되어 갖가지 좋은 일을 이루어 낼 수 있는 것이다.

고요히 마음을 모아 돌이켜 보라. 어떻게 사는 것이 잘 사는 인생인가? 고요하고 평온한 마음에 밝은 정신으로 사는 것이 잘 사는 인생이다.

이러한 삶을 원한다면 참선을 해보자. 화두선은 우리에게 이러한 삶을 선사해 준다.

잠깐이라도 좋다. 단정히 앉아 화두를 잡고 참선을 해보자. 하루 24시간 중 단 30분 만이라도 참선을 해보자.

결코 손해 보지 않을 자기를 돌아보는 공부, 주인공을 찾는 공부에 투자를 해보자. 이것이야말로 삶의 보람이요, 나를 참으로 잘 사랑하는 방법이다.

"언제나 부지런히 화두를 잡아라."

참선하는 사람에게 있어 이것보다 더 요긴한 말은 없다.

참선하는 그 시간 동안 오직 화두에 집중하려고 애를 쓰다 보면, 마음이 저절로 고요해지고, 고요해지면 맑아지고, 맑아지면 밝아지고, 밝아지면 저절로 빛을 발하게 되니, 이것이 바로 대반야지혜大般若智慧의 빛이다.

이 반야지혜의 빛은 자신의 마음자리, 곧 자성심自性心을 보게 하고, 자성을 보게 되면 천지와 내가 한 뿌리가 되고 만물과 내가 한 몸이 된다. 그러한 때에 내가 하는 바는 모두가 신통묘용神通妙用이요, 나와 남을 함께 살리는 행이 된다.

그동안 쉽지 않은 글을 읽어주신 데 대해 감사를 드리면서, 스스로 용기를 불러일으키고 스스로를 격려하면서 잘 정진하기를 간절히 축원 드린다.

나무 위엄왕불 이전 본래면목

읽을수록 신심을 북돋우는 일타큰스님의 법어집

 광명진언 기도법 / 일타스님·김현준　　　　　　신국판 176쪽 6,000원
광명진언 속에 새겨진 참의미와 바른 기도법, 빠른 기도성취법 등을 자상하게 설하고, 유형별 기도성취 영험담을 다양하게 수록하였습니다. 광명진언을 외우면 행복과 평화, 영가천도, 소원성취를 이룰 수 있습니다.

 생활 속의 기도법 / 일타스님　　　　　　　　신국판 160쪽 6,000원
불교계 최대의 베스트셀러! 누구나 처할 수 있는 여러 가지 상황에 따른 구체적인 기도방법에서부터 특별기도성취법·영가천도기도법·기도할 때 지녀야 할 마음가짐까지, 자상한 문체로 예화를 섞어 쉽고 재미있게 엮었습니다.

 기도 / 일타스님　　　　　　　　　　　　　신국판 240쪽 9,000원
총 6장 52편의 다양한 기도 영험담으로 엮어진 이 책을 읽다보면 기도를 통해 틀림없이 부처님의 가피를 입을 수 있음을 확신할 수 있게 되고, 올바른 기도법과 함께 기도성취의 지름길을 알 수 있게 됩니다.

 오계이야기 / 일타스님　　　　　　　　　신국판 160쪽 6,000원
살생·투도·사음·망어의 근본 4계에 불음주계를 합한 5계에 대한 법문집. 재미있는 일화를 들어 각 계율의 연원과 지키는 방법, 계율을 범했을 때의 과보 등을 자세히 설했습니다.

 아! 일타큰스님 / 김현준　　　　　　　　　신국판 240쪽 9,000원
선과 교와 율을 두루 통달하셨던 일타스님의 일대기를 읽다 보면 기도·참선·경전공부 방법을 체득하게 되고, 자비보살 일타스님과 함께함을 느낄 수 있습니다.

● 쉽고도 감동적인 휴대용 불서 ●

일상기도와 특별기도 / 일타스님	4×6판	100쪽	3,500원
불교예절입문 / 일타스님	4×6판	100쪽	3,500원
행복을 여는 감로법문 / 일타스님	4×6판	100쪽	3,500원
광명진언 기도법 / 일타스님·김현준	4×6판	100쪽	3,500원
병환과 기도 / 일타스님·김현준	4×6판	100쪽	3,500원
행복과 성공을 위한 도담 / 경봉스님	4×6판	100쪽	3,500원
불자의 삶과 공부 / 우룡스님	4×6판	100쪽	3,500원
불성 발현의 길 / 우룡스님	4×6판	100쪽	3,500원
보왕삼매론 풀이 / 김현준	4×6판	100쪽	3,500원
바느질하는 부처님 / 김현준 엮음	4×6판	100쪽	3,500원

법보시를 원하시는 분은 출판사로 연락 주십시오. 할인혜택을 드립니다.
전화 02-587-6612, 582-6612 팩스 02-586-9078